KB214126

엄마와 선생님만 모르는
10대 생활 백서

◇당신은 언제나 옳습니다. 그대의 삶을 응원합니다.— 라의눈 출판그룹

엄마와 선생님만 모르는
10대 생활 백서

초판 1쇄 | 2015년 4월 20일
3쇄 | 2016년 12월 15일

지은이 | 이창욱·신유진·조은지
발행인 | 설응도
발행처 | 라의눈

편집장 | 김지현
책임편집 | 안은주
마케팅 | 최제환
경영지원 | 설효섭

용지 | 서림물산
인쇄 | 애드그린

출판등록 | 2014년 1월 13일(제2014-000011호)
주소 | 서울시 서초구 서초중앙로29길 26(반포동) 낙강빌딩 2층
전화번호 | 02-466-1283
팩스번호 | 02-466-1301
e-mail | eyeofrabooks@gmail.com

ISBN : 979-11-86039-22-9 43320

*잘못 만들어진 책은 구입처나 본사에서 교환해 드립니다.
*책값은 뒤표지에 있습니다.
*라의눈에서는 독자 여러분의 소중한 아이디어와 원고 투고를 기다리고 있습니다.

엄마와 선생님만 모르는

10대 생활 백서

이창욱·신유진·조은지 공저

라의눈

◆ 꿈을 이루어주는 마법의 페이지 ◆

여러분이 이 책을 읽고 있는 바로 지금을
인생에서 가장 빛나는 시간으로 만들어보세요.
이 책 속에 그 방법이 소개되어 있습니다.

여러분의 10년 후 모습을 아래에 적어보세요.
이 페이지에 적어놓은 꿈은 반드시 이루어질 것입니다.

10년 후, 나 (이름   )은/는 (무엇이   )이 되어
(어디서   )에서 (무엇을   )하고 있다.

점점 자신감이 없어져요

당당한 자존감 회복 프로젝트

모두에게 인정 받고 싶어요

마음과 마음을 이어주는 소통 방법

5장 이성교제가 나쁜 건가요?

멋진 남친, 사랑스러운 여친이 되는 방법

6장 거울 속의 내 모습이 싫어요

기본 중의 기본, 자기관리

7장

우리 엄마 아빠는 왜 그러는 걸까요?
화목한 우리 집 만들기 대작전

부록
마인드케어를 위한 프로그램

어른들이 답답하다는 청소년,
아이들이 이상하다는 어른에게

학교의 상담실과 보건실은 항상 만원입니다.

많은 청소년은 상담을 받을 기회나 시간조차 갖지 못하고 있습니다. 상담 인력이나 시설이 부족한 것이 아닙니다. 청소년들이 폭발적으로 상담을 요구하고 있기 때문입니다. 이런 현상은 중·고등학교에서 끝나지 않습니다, 대학교나 직장에서도 상담을 필요로 하는 사람들이 급격하게 증가하고 있습니다. 이들이 가지고 있는 고민은 대부분 '해결되지 못한 청소년 시기의 문제'와 관련이 있다고 합니다.

청소년들의 고민은 크게 8가지의 유형으로 생각해 볼 수 있습니다.

첫째 성적과 공부, 둘째 꿈이나 진로, 셋째 무기력과 우울증, 넷째 부모와 가족, 다섯째 친구와 교우 관계, 여섯째 사랑과 이성교제, 일곱째 건강이나 외모, 여덟째 돈과 경제력이 바로 그것입니다. 이와 같은 청소년의 고민은 비행 청소년들만의 전유물이 아닙니다. 평범한 보통의 우리 아이들 역시 이와 같은 고민을 똑같이 가지고 있습니다. 그래서 한국마인드케어연구소는 어떻게 하면 이런 아이들의 고민을 줄일 수 있을지에 대해 연구하였고, 연구소를 방문하는 학생, 부모님 그리고 선생님들의 사례를 모아서 적절한 대안을 제시하고자 합니다. 청소년들마다 각자 상황과 처지가 다르겠지만, 최대한 효과적인 대안을 모색하여 내용을 구성하였습니다. '어른'이 아닌 '멋진 인생 선배'의 조언과 또 다른 친구들의 이야기가 청소년 여러분들의 답답한 마음을 풀어줄 것입니다.

인터넷이나 SNS에서 떠도는 정보들은 자극적일 뿐 아니라, 청소년들이 실천하기 어려운 솔루션solution을 제시하는 경우가 많습니다. 오히려 고민을 해결하거나 스트레스를 해소하는데 악영향을 미치는 것들이 대부분이었습니다. 우리 연구소는 더 지혜로운 해결책을 위해 각 분야 전문가의 진솔한 조언이나, 인생 선배들의 혜안을 모아 정리하기 시작했습니다. 학교에 적응하기 위한 방법부터 스스로 자신감을 찾는 방법, 진로를 개척하는 방법 등 막연한 미래에 불안감을 가지고 있는 우리 청소년들을 위한 해결책들을 모았습니다. 그리고 친구와 가족 속에서 행복을 찾는 아이들을 위해 원만한 인간관계를 형성할 수 있는 소통 방법도 담았습니다. 청소년들이 가볍게 접근할 수 있는 친근한 사례와 함께 한눈에 내용을 파악하기 쉽게 표와 그래프를 적절하게 사용하였습니다. 부모님의 입장에서 선뜻 답해주기 난감한 이성 문제나 성(性) 문제도 아이들의 눈높이에서 이해하기 쉽도록 구성하여 종합적인 '청소년 생활 지침서'가 될 수 있도록 하였습니다.

"그러면 너무 도덕 교과서 같지 않을까?"

우리의 고민은 쉽게 끝나지 않았습니다. 거룩한 답변, 당연한 이야기만 늘어놓는다면 청소년들과 소통하기 어렵겠지요. 그래서 실제 청소년들의 마음과 그들의 감정을 빌려 솔루션을 표현하고자 했습니다. 우리 청소년들이 진짜 궁금해 하고 또 진심으로 듣고 싶은 이야기들을 조사하여 이 책에 반영하였습니다. 평범하지만 의미 있는 진리를 이야기하고자 한 것입니다. 많은 사례 속에서 우리 청소년들이 스스로 답을 찾아볼 수 있는 다양한 장치도 마련했습니다.

우리 연구소는 전문가의 이론보다 청소년 아이들의 목소리를 더 신경 써서 들었습니다. 그래서 이 책의 내용과 솔루션은 상향식 접근법Bottom-Up approach에 기초하고 있습니다. 그래서 하향식 접근법Top-Down approach을 쓴 다른 이론서보다 더 쉽고 실용적으로 문제를 해결하고, 청소년 아이들과 공감할 수 있을 것입니다. 단어 하나를 선택할 때에도 어려운 전문 용어가 아닌 청소년들의 눈높이에 맞는 쉬운 말로 풀어서 사용하는 것을 원칙으로 했습니다. 대한민국의 미래를 책임질 우리 청소년들에게 가장 필요한 책, 자녀들 문제에 노심초사하고 있는 부모님들에게 도움이 되는 책, 그리고 청소년들을 이해하고자 하는 모든 분들을 위한 책이 되기를 소망합니다.

1장

학교 가기
싫어요

적응력을 높여주는 학교 생정

〈학교생활 적응력 테스트〉

		그렇다	아니다
1	새로운 친구를 사귀는 것에 걱정이 없다.	☐	☐
2	고민거리를 이야기할 수 있는 친구가 1명 이상 있다.	☐	☐
3	부모님이 내 친구들의 이름을 5명 이상 알고 있다.	☐	☐
4	베프(best friend)로 생각하는 친구가 있다.	☐	☐
5	수업태도가 좋다는 칭찬을 받은 적이 있다.	☐	☐
6	담임선생님과 부담 없이 이야기할 수 있다.	☐	☐
7	우리 학교 보건실과 상담실이 어디 있는지 모른다.	☐	☐
8	한 달에 책을 1권 이상 읽는다(전자책 제외).	☐	☐
9	집단따돌림을 경험해 본적이 없다.	☐	☐
10	무엇인가를 스스로 선택할 수 있는 능력이 충분하다.	☐	☐

결과 보기

'그렇다'에 체크된 것은 모두 몇 개인가요?

10개	6~9개	3~5개	0~2개
적응력이 뛰어난 당신은 이미 능력자!	지금도 잘하고 있어요. 부족한 부분을 보충해 더 완벽해지세요.	조금만 더 노력한다면 놀라운 일들이 일어날 거예요.	걱정할 것 없어요. 이 책으로 적응력 레벨을 올려보아요.

마음 통하는 진짜 친구를 사귀고 싶어요

언제라도 내 편이 되어주고, 힘들 때 옆에 있어주는 진짜 친구가 있었으면 좋겠어요. 그런 친구를 사귀는 방법이 따로 있나요?

예지는 학교 벤치에 앉아 생각에 잠겨 있었습니다. 요즘 주위에 있는 친구들에 대해 생각하는 시간이 부쩍 많아졌습니다. 내가 친하다고 생각했던 친구에게 이용당하기도 했고, 배신을 경험한 적도 있었기 때문입니다. 하지만 꼭 나쁜 친구들만 있는 것은 아니었습니다. 나에게 힘이 되어 주었던 친구도 있었습니다. 이런 친구들에 대해 생각하면서 '나랑 마음이 통하는 친구는 어떤 친구일까?' 고민에 빠진 것입니다. 그때 지연이가 예지에게 다가와 말을 걸었습니다.

"예지야, 여기서 뭐해?"

"그냥, 마음이 통하는 친구란 어떤 친구일까 생각해봤어. 요즘 그런 생각이 많이 들었거든. 과연 나에게 '친구란 어떤 존재인가' 하는 생각도 들고."

지연이는 놀랐습니다. 지연이도 예지와 같은 고민을 하고 있었기 때문입니다.

"그거 내 이야긴데. 나도 너랑 같은 고민을 하고 있어. 나만 이런 생각을 가지고 있던 게 아니었구나?"

이 말을 들은 예지는 그런 지연이에 대해 생각을 해보았습니다.

'지연이는 나에게 어떤 친구일까?'

지연이는 어렸을 때부터 예지와 함께 많은 시간을 보내고 추억도 많이 쌓은 친구였습니다. '지연이랑 있을 때는 서로 아무 말을 하지 않아도, 나를 이해해주는 느낌을 받고 편안했어. 나랑 어릴 때부터 같은 동네에서 살면서 비슷한 점도 많았지. 나랑 비슷한 고민을 가지고 있기도 하고. 그래, 지연이는 항상 진실하게 나를 대해줬어. 나를 이용하거나 나에게 바라는 것도 없었지. 항상 옆에서 나를 챙겨주는 친자매 같아. 소울메이트soul mate라고 해야 하나? 마음이 통하는 사이!'

친구들에 대한 생각과 고민이 많았던 예지는 옆에 지연이라는 친구가 있다는 사실에 마음이 편안해졌습니다. 살아가는 데 많은 친구가 필요한 것이 아니라 나를 알아주는 친구 몇 명만 있어도 성공한 삶이라는 말이 이제 조금 이해가 되기 시작했습니다. 이렇게 내 옆에 마음이 통하는 친구가 있었는데, 그런 친구를 알아채지도 못하고 멀리서 찾으려고만 했다니. 이런 나의 모습이 조금 부끄러워지기도 했습니다. 조금만 주위를 관심 있게 살펴보았다면 좋은 친구가 있었다는 것을 쉽게 알아차릴 수 있었을 텐데 말이죠. 이번 기회를 통해서 예지는 진짜 친구에 대한 확신을 갖게 되었답니다. 옆에 있는 지연이에게 고마움을 느끼면서, 예지 역시 도움을 줄 수 있는 친구가 되리라 마음먹었습니다.

한번쯤 '나와 마음이 통하는 친구는 어떤 친구일까?' 고민해본 적이 있을 것입니다. 어느 순간 나 혼자인 것 같고, 내 옆에 내 마음을 알아주는 사람이 있는지 확인하고 싶어지기도 합니다. 마음이 통하는 친구를 사귀는 것은 생각보다 어렵지 않습니다. 서로가 바라는 것을 계산하고 만나는 조건적인 우정이 아니라, 서로의 존재만으로도 힘이 될 수 있고 도움이 되는 친구를 만나면 됩니다. 그리고 내가 먼저 친구에게 한발 다가가 마음을 열고 이야기를 먼저 해보는 것도 좋습니다. 친구가 먼저 다가오기를 기다리는 것보다 내가 먼저 말을 걸고 손을 내밀어 보세요. 그러면 주위에 내가 미처 생각하지 못했던 친구들과도 소울메이트가 될 수 있을 것입니다. 그리고 사람의 마음은 대화를 몇 마디 하거나, 선물 한두 번 주고받는다고 바로 움직이지 않습니다. 생각보다 오랜 시간이 지나야 친구의 마음을 얻을 수 있습니다. 그러니 너무 조급하게 생각하지 말고 긍정적인 마음을 가지고 친구가 마음을 열 때까지 기다려보세요. 그러면 마음이 통하는 친구가 어느 순간 내 옆자리에 앉아있을 것입니다. 그 친구는 평생 동안 소중한 재산이 될 것입니다.

친구를 엄마 허락 받고 사귀어야 하나요?

어머니가 내 친구를 싫어해요. 내가 보는 친구의 모습과 부모님이 보는 친구의 모습이 다른가 봐요. 친구 때문에 어머니와 갈등을 겪고 있다면 어떻게 해결하는 게 좋을까요?

승우는 요즘 어머니와 전쟁 중입니다. 승우와 가장 친한 친구는 같은 반 민국이입니다. 그래서 승우는 민국이와 보내는 시간이 많았습니다. 그런데 웬일인지 승우 어머니는 민국이를 마음에 들어 하지 않습니다.

"학교 다녀왔어요."

어머니는 승우에게 물어보았습니다.

"오늘 학교생활은 어땠니? 친구들이랑 잘 놀았고?"

"네, 이따 민국이랑 집에서 숙제하고 같이 놀기로 했어요."

"뭐? 민국이?"

어머니는 갑자기 표정이 굳어졌습니다.

"나는 네가 민국이랑 어울리는 게 좀 그런데."

승우는 이런 어머니의 반응에 당황했습니다.

"왜요? 저는 민국이가 좋은데요. 저랑 마음도 잘 맞고, 걔가 얼마나 착한데요."

"글쎄, 엄마들 사이에서 도는 소문도 그렇고, 엄마가 보기엔 좋은 아이처럼 보이지 않던데."

승우는 소문이나 겉모습만으로 민국이를 판단하는 어머니가 이해되지 않았습니다.

"엄마, 민국이랑 이야기도 많이 하고 같이 놀면서 시간도 많이 보냈어요. 민국이는 절대 나쁜 친구가 아니예요."

"그래도 엄마는 아직 민국이에 대해 확신이 들지 않아. 우리 아들이 공부 잘하고 착한 친구랑 놀았으면 좋겠는데. 민국이는 공부도 별로잖아. 그런데 우리 아들은 왜 민국이를 좋은 친구라고 생각하는 거니?"

"어머니가 무엇을 걱정하는지는 알 것 같아요. 그렇지만 민국이는 제가 선택한 친구예요. 저는 민국이의 좋은 부분을 잘 알고 있어요."

"음. 엄마가 너무 들리는 소문만으로 판단을 한 모양이구나. 네 얘기를 들어보니 엄마가 몰랐던 민국이의 모습이 있는 것 같네. 엄마도 편견 없이 민국이를 한번 지켜보도록 할게. 그 뒤에 엄마랑 다시 한번 이야기를 해보자."

"네. 좋아요."

대부분의 부모님은 공부 잘하는 친구가 생기면 자신의 아이도 공부를 잘하게 될 것이라고 착각합니다. 또한 청소년들은 어렸을 때부터 부모님의 지시에 따라 친구 관계를 이어가는 것에 익숙해져서, 자기 자신이 선택한 친구가 좋은 친구인지 나쁜 친구인지 확인하기 힘든 상황이 생길 수도 있습니다. 새로 사귀는 친구가 있다면 우선 '부모님이 좋아하실까?' 하는 생각을 먼저 하기도 합니다. 때로는 친구를 사귀는 문제로 부모님과 다투는 상황도 종종 발생합니다.

　친구는 어머니와 사귀는 것이 아니라 나 자신과 우정을 맺는 사람입니다. 그렇기 때문에 스스로 판단했을 때 '좋은 친구'라면 실제로 나 자신에게 좋은 친구가 될 수 있습니다. 이미 여러분들은 친구를 알아보는 능력을 가지고 있습니다. 어렸을 때는 부모님 말씀을 듣고 친구를 사귈 수도 있습니다. 그러나 청소년이 되었다면 여러분 스스로 새로운 사람을 만나고 관계를 맺는 것을 배워야 합니다. 부모님이 친구를 가려서 사귀라고 하는 이유는 나쁜 친구들과 어울리면서 나쁜 짓을 하거나 성적이 떨어지는 것을 걱정해서 그렇습니다. 여러분이 친구들과 열심히 공부하는 모습을 보여주거나, 성적 관리를 잘한다면 오히려 부모님에게 좋은 인상을 심어줄 수 있겠죠.

베프에게
배신을 당했어요

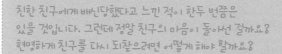

친한 친구에게 배신당했다고 느낀 적이 한두 번쯤은
있을 것입니다. 그런데 정말 친구의 마음이 돌아선 걸까요?
현명하게 친구를 다시 되찾으려면 어떻게 해야 할까요?

인선이에게 규리가 다가와 말합니다.

"나 어제 진경이랑 영화 봤는데, 정말 재미있더라."

"뭐? 진경이랑?"

어제 인선이가 노래방에 가자고 했을 때, 진경이는 학원에 간다고
했습니다. 인선이는 왜 진경이가 거짓말을 했는지 궁금했습니다.
요새 진경이와 연락도 줄어들었고, 예전처럼 함께 놀 기회도 없었
습니다. 더구나 인선이에게 거짓말을 하고, 다른 친구와 영화를 보
러 가다니요. 인선이는 뒤통수를 한 대 맞은 것처럼 멍해졌습니다.
속상하기도 했고, 한편으론 걱정도 되었습니다. 인선이는 '내가 뭐
잘못한 게 있었나?' 하고 생각해보았습니다. 혹시나 진경이를 섭
섭하게 하거나 화나게 만든 일이 있었는지 말이죠.

'그래, 한번 물어보자. 나도 모르게 실수한 게 있을지도 몰라.'

마음먹은 김에 바로 진경이에게 메시지를 보냈습니다.

'오늘 학원 수업 없지? 학교 끝나고 떡볶이 먹을래? 내가 쏠게!'

그렇게 두 사람은 어색하게 떡볶이를 먹으러 갔습니다. 가는 내내 서먹한 분위기였지만 인선이나 진경이 두 사람 중 누구도 섣불리 말을 꺼내지 못했습니다. 말없이 떡볶이를 먹다가 인선이가 용기를 내었습니다.

"진경아, 혹시…… 내가 뭐 실수한 거 있었어? 아님 섭섭하게 했거나."

"아니. 왜?"

"아니, 요즘 들어서 너랑 많이 멀어진 거 같아서. 요새는 연락도 뜸해지고, 떡볶이도 오랜만에 먹으러 왔잖아. 그래서 혹시 내가 뭐 잘못한 게 있지는 않았나 싶어서."

진경이는 아무 말이 없었습니다.

"……"

"그냥 편하게 이야기해줘. 너는 내 친구인데, 멀어지고 싶지 않아서 그래. 어제 규리랑 영화 보러 갔다면서? 혹시나 나한테 속상했던 일이 있어서 그런 건 아닌가 해서. 나는 우리가 다시 잘 지냈으면 좋겠어. 서로 마음 터놓고."

"사실은…… 좀 불편한 건 맞아."

진경이가 드디어 이야기를 시작했습니다. 인선이는 조금 놀랐지만 꾹 참고 끝까지 진경이의 이야기를 들어보기로 했습니다.

"넌 내가 너 하고만 친구이기를 바라는 것 같아. 다른 친구랑 놀러 갈 때 눈치보게 되는 게 싫었고, 갑갑하기도 하고 그랬어. 어제는 규리랑 영화 보기로 약속했는데, 네가 노래방에 가자고 해서, 만약 안 된다고 하면 네가 서운해 할 게 뻔하니까. 그냥 어떻게 얘기해야 할지 몰라서 그렇게 둘러댄 거뿐이야."

인선이는 '내가 친구를 너무 구속하고 있었구나.'라는 생각이 들어 민망하기도 하고 미안하기도 했습니다.

"그랬구나. 솔직하게 말해줘서 고마워. 내가 너무 내 생각만 했나 봐. 너는 나랑 베프니까, 나랑만 놀아야 한다고 생각했던 거 같아. 내가 이기적이었어. 미안해."

"아니야. 네 말 들으니까 나도 이제 속이 뻥 뚫린 것 같아. 우리 앞으로 서로 구속하지 말고 잘 지내자."

"그래, 우리 이제 편한 친구 하자."

우리가 쉽게 하는 실수 중 하나는 나와 가장 친한 친구는 '나만의 친구'가 되어야 한다고 생각하는 것입니다. 나 하고만 친해야 한다는 집착이 친구를 힘들게 하는 건 아닌지 곰곰이 생각해 봐야 합니다. 친한 친구일수록 '서로 잘 아니까 이렇게 해도 이해하겠지'라며 함부로 대하기 쉽습니다. 하지만 친한 친구일수록 더 존중하는 마음으로 대하며, 서로에게 실수하지 않도록 각별하게 신경 써야 합니다.

친한 친구가
멀리 이사 갔어요

먼 곳으로 이사 가거나 전학을 가게 되어 갑작스럽게
소중한 친구와 이별해야 하는 경우가 있습니다.
오랜 친구와는 어떻게 이별하는 것이 가장 좋을까요?

04

"소희야, 나 이사 가."

소희에게는 청천벽력과 같은 소리였습니다. 지난 2년 간 옆에서
기쁨과 슬픔을 같이 나누었던 선영이가 이사를 간다고 합니다. 소
희는 도무지 믿기지 않습니다. 마음을 나누던 제일 친한 친구가 떠
난다니.

"어디로 가는데?"

"울산으로 간대. 아빠 회사가 원래 그쪽이거든."

"그럼 학교도 전학하겠네. 우리 이제 못 보는 거야?"

선영이가 울먹거리는 소희의 어깨를 쓰다듬어주며 말했습니다.

"우리 거리가 멀어진다고 친구 그만하는 거 아니잖아. 울지 마."

"그래, 맞아. 우리 매일 연락하고 지내자."

소희와 선영이는 우정을 이어갈 방법을 찾기 시작했습니다.

"우리, 그럼 편지 쓸까?"

"편지? 메신저나 SNS로 계속 연락하면 되잖아."

"인터넷이나 SNS는 자주 해도 서로 멀어지는 느낌이 들 것 같아. 뭔가 성의 없는 것 같기도 하고. 예쁘게 쓴 편지 주고받으면 함께 있는 것 같지 않을까?"

"그래, 좋아! 그리고 서로의 생일엔 꼭 만나는 거야. 그러면 일 년에 2번은 꼭 만날 수 있잖아."

이사를 하거나, 전학 혹은 상급 학교로 진학하면서 뜻하지 않게 친구들과 헤어지게 됩니다. 하지만 그렇다고 해서 더 이상 내 친구가 아닌 것은 아닙니다. 요즘은 이메일이나 메신저 혹은 SNS로 손쉽게 연락할 수 있는 방법들이 많이 있습니다. 그런데 얼굴을 보지 못하는 상황에서 문자로만 오고 가는 연락을 하다 보면 오해하거나, 그 오해로 인해 마음이 더 멀어지게 될 수도 있습니다.

손으로 직접 쓴 편지나 전화는 상대의 체온을 직접 느낄 수 있는 좋은 방법입니다. 손 편지는 시간이 걸리고 불편합니다. 하지만 편지를 받을 때의 기쁨은 그 무엇보다 크답니다. 편지를 쓸 때, 그 친구를 떠올리면 우정을 이어나가는 데에도 큰 힘이 됩니다. 전화도 좋습니다. 문자로 표현할 수 없는 다양한 감정들이 목소리와 함께 전해지기 때문입니다.

부끄럽고 어색하다는 친구들도 있겠지만, 용기 내어 전화해 보세요. 친구의 진심 어린 공감을 접할 때 진짜 우정을 느낄 수 있을 것입니다. 그렇게 서로 연락을 이어가다 보면 1년이 지나거나, 10년이 지나도 바로 어제 헤어졌던 친구처럼 어색하지 않고 좋은 인연을 지킬 수 있습니다.

05

학교생활에
적응하기 어려워요

공부를 잘하고 싶나요? 혹은 친구들에게 인기 있는 사람이 되고
싶은가요? 이런 문제는 모두 학교라는 곳에 적응이 잘되면 저절로
이루어지는 일입니다. 그러면 학교생활에 잘 적응하는 방법이 따로
있을까요?

초등학교는 공부의 기본 습관을 들이는 곳입니다. 수업 시간에 바르
게 앉아서 선생님의 가르침을 받는 것이 초등학교의 목표입니다. 수
업 시간에 놀고 싶고, 친구와 이야기하고 싶어도 꾹 참고 바르게 앉아
있는 것이 공부 습관을 들이는 기본적인 요령입니다. 그리고 선생님
의 이야기를 잘 들으며 친구들과 떠들지 않는 것도 초등학생의 중요
한 역할입니다. 이렇게 인내심을 갖고 공부할 수 있는 습관을 잘 들이
게 되면 상급 학교에 진학해서도 공부를 잘할 수 있는 탄탄한 기초가
완성됩니다. 초등학교에 잘 적응하기 위해서는 '인내심'을 기르는 것
이 가장 중요하다고 할 수 있습니다.

중학교에서 맞이하는 가장 큰 변화는 바로 선생님입니다. 초등학

교에서는 담임선생님이 우리들의 생활 관리를 해주고 공부도 가르쳐 주지만, 중학교는 과목마다 각각 다른 선생님이 수업을 진행합니다. 수업마다 다른 선생님이 교실에 들어와서 가르쳐 주기도 하고, 때로는 우리들이 교실을 찾아다니면서 수업을 듣기도 합니다. 왜 선생님들이 바뀔까요? 중학교에서는 초등학교보다 더 전문적이고 어려운 내용을 배우기 때문에 과목별로 전공 선생님들이 있는 것입니다. 그래서 중학교에 가면 초등학교 때보다 공부가 조금 더 어렵습니다. 중학교에 잘 적응하는 첫걸음은 수업을 충실하게 듣는 태도에서 시작합니다.

어떤 친구들은 선행학습을 통해서 미리 수업 내용을 배워오는 경우도 있는데, 그러나 선행학습 기간이 길어질수록 학교에 적응하는 능력이 급격하게 하락하는 것을 볼 수 있습니다. 선행학습을 오래 할수록 학교 수업에 대한 집중력과 흥미도가 감소하는 데서 그 원인을 찾을 수 있습니다. 학원이나 과외를 통해 미리 다 배워온 친구들은 정작 학교 수업 시간에는 집중하지 못하는 경우가 많습니다. 학교 적응력이 감소하면 공부에 대한 흥미 역시 도미노처럼 무너지게 마련입니다. 학습 내용을 미리 숙지해 버리는 선행학습보다, 공부할 내용을 한번 가볍게 읽어 호기심을 자극하는 정도의 예습이 더 중요합니다.

◘ 선행학습기간과 학교적응력과의 관계 그래프

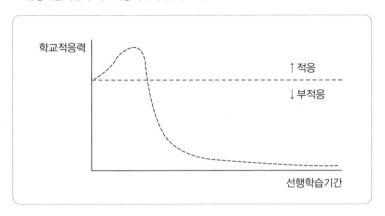

고등학교는 중학교보다 더 어려운 학문을 배우고 대학 진학이나 취업을 준비하는 곳입니다. 공부에 많은 시간을 투자하고, 진로에 대한 고민도 계속하는 치열한 시기입니다. 이 시기에 잘 적응하기 위한 핵심 조건은 다른 학생들에게 피해를 주지 않는 태도입니다. 심리적으로 매우 민감해진 고등학생들의 경우 자칫 다른 친구들과 감정적인 신경전을 벌이거나 싸움을 하면서 공부에 집중하지 못하고 시간을 낭비하는 결과를 보여주기도 합니다. 이 시기의 학교 폭력 역시 대부분 이런 감정이 배경에 깔려 있습니다. 특히 입시를 앞둔 고3의 경우 각종 스트레스성 질환에 걸리기 쉽습니다. 공부에 대한 스트레스뿐만 아니라, 학업에 피해를 주는 사람들에 대한 스트레스 지수 역시 상당히 높게 나옵니다. 그렇기 때문에 서로 조심하면서 생활하는 태도가 중요합니다.

학교에 적응하기 위해서 우리는 흔히 '공부만 잘하면 되지.'라고 생각하기 쉽지만, 공부만 하려고 하다 보면 오히려 적응하지 못하고 외톨이가 되는 경우가 많습니다. 당장은 성적이 조금 올라서 좋아할 수도 있지만, 장기적으로 본다면 오히려 좋은 곳에 진학하지 못하는 결과를 보여줍니다. 학교생활 적응에서 가장 중요한 점은 '혼자'가 아닌 '함께'라는 것을 명심해야겠죠.

선생님이 궁금해요

초등학교에서는 담임선생님 한 명이 거의 모든 학생을
가르치지만, 중학교부터는 여러 명의 선생님들이 우리들을
가르칩니다. 중고등학교의 선생님들은 어떤 일을 하며
어떤 특징이 있을까요?

06

"우리 딸, 중학교에 입학하니 어때?"

집에 돌아온 윤아에게 아버지가 물었습니다.

"초등학교와는 달리 과목마다 다른 선생님들이 수업을 하는 게 신
기했어요."

"중학교나 고등학교는 더 어려운 내용을 배우게 되니까 과목마다
다른 선생님들이 전문적으로 가르쳐 주는 거야."

아버지의 말씀에 윤아는 몇 가지 궁금한 게 생각났습니다.

"그럼 중학교에서 담임선생님은 무슨 일을 해요?"

"그거야 한 반을 맡아서 책임지고 학교생활을 잘하도록 도움을 주
는 일을 하시지."

아버지의 대답에 윤아는 또 다른 의문이 생겼습니다.

"그럼 담임선생님이 수학 선생님이면 그 반은 수학을 잘하고, 담임선생님이 영어 선생님이면 그 반은 영어를 잘하겠네요?"

"그건 아니야. 담임선생님은 공부를 가르치는 것보다 훨씬 중요한 일을 하시지. 학교에서 어려운 일이 있을 때, 그러니까 아프거나 친구들과 문제가 있을 때 도움을 주시거든."

윤아는 아직도 궁금증이 말끔하게 풀리지 않았습니다.

"어? 아프면 보건실에 가고, 친구들과 문제가 있으면 상담실 가면 되는 거 아닌가요?"

"응, 우선 담임선생님과 상의한 다음에 보건실이나 상담실을 가는 게 좋단다. 담임선생님께서 네가 어떤 상황인지 미리 알고 부모님께 연락을 주거나 또 다른 방법을 찾을 수 있으니까."

"아, 이제 알았어요. 담임선생님은 학교에 있는 부모님 같은 선생님이고, 교과목 선생님은 지식을 알려주는 선생님이네요."

윤아는 이제야 뭔가 알 것 같았습니다.

학교에는 다양한 선생님들이 있습니다. 각 학과의 공부를 가르쳐주는 선생님, 생활을 관리해주는 선생님, 건강을 관리해주는 선생님 등등. 그래서 학교에서 도움이 필요하다면, 그 일을 담당하는 선생님을 찾아가서 도움을 청하는 것이 가장 빠르고 정확하게 도움을 받을 수 있는 방법입니다.

■ 중·고등학교 선생님의 역할

선생님	역할	주요 업무
교장 선생님	최고책임자	학교에서 일어나는 일에 책임을 지는 사람, 학교의 대표자, 부모님 상담
교감 선생님	중간관리자	학교가 원활하게 운영될 수 있게 관리하는 사람, 선생님 관리·감독, 학교 운영 관리
담임선생님	학교의 부모님	학교 적응 및 생활지도, 교우관계 관리, 인성 교육, 심리적인 지지와 응원
교과목 선생님	교육자, 코치	교과목별 전문 교육, 학습 태도 교육
상담 선생님	학교의 상담사	정신 건강관리, 스트레스 관리 및 심리상담
보건 선생님	학교의 의료인	건강관리, 질병 예방, 성 교육

어떤 선생님이
좋은 선생님일까요?

학교생활에 있어 친구보다 중요한 존재가 선생님입니다.
좋은 선생님을 만나면 성적도 오르고 학교생활 역시 즐거워집니다.
나에게 도움이 되는 좋은 선생님은 어떻게 알아볼 수 있을까요?

"난 수업 시간에 열심히 가르쳐주는 선생님이 좋은 선생님이라고 생각해. 어떤 선생님은 우리가 수업을 잘 듣는지 안 듣는지 관심도 없고, 졸아도 신경 안 쓰고 선생님 혼자 수업만 하고 나가기도 하잖아. 그런데 이번 선생님은 우리가 수업 내용을 잘 이해했는지 꼭 물어보고 이해 안 가는 부분이 있으면 자세히 알려주셔. 그리고 수업 시간에 조는 아이들 있으면 깨워서 수업을 꼭 듣게 해줘. 처음에는 짜증을 내는 애들도 있었는데, 지금은 오히려 그 선생님이 더 좋아. 그 선생님 과목만 성적 오른 아이들도 많아."

아리가 먼저 말을 꺼냈습니다. 빛나도 아리의 말에 고개를 끄덕이며 이야기했습니다.

"응, 나도 그래. 수업 시간에 방관하면 무능한 선생님처럼 보이더

라. 근데 나는 친절한 선생님이 더 좋아. 어떤 선생님은 막 반말하고 기분 따라 행동하잖아. 그런데 이 선생님은 아무리 화나도 표정도 안 변하고 늘 부드러운 말투야. 그래서 좋은 선생님 같아."

빛나의 이야기에 주영이가 눈빛을 반짝이며 끼어들었습니다.
"우리 담임선생님은 날마다 칭찬 한마디씩 해주는 게 선생님의 인생 목표래. 잘 웃는다고 칭찬 받은 적도 있고, 친구랑 사이좋게 지내는 모습이 감동적이라고 칭찬 받은 적도 있어. 선생님한테 칭찬받으면 하루 종일 기분이 좋아."
주영이의 말에 모두들 고개를 끄덕였습니다. 평소에 말수가 적었던 다빈이도 한마디 거들었습니다.
"응, 나는 칭찬도 좋고, 친절하게 해주는 선생님도 좋은데 제일 좋은 선생님은 약속 잘 지키는 선생님인 것 같아. 선생님이 잊어버린 줄 알았는데, 약속을 기억하고 계신 거야. 진짜 감동이었어."
"얘들아, 한번 했던 말은 안 바꾸는 선생님도 멋지지 않니?"
주영이도 한마디 거들었습니다.
"응. 일관된 사람! 말 안 바꾸고!"
아리가 맞장구를 쳤습니다.
"빙고! 그때그때 기분 따라 달라지는 선생님은 완전 비호감이야. 그런데 원칙 지키고 예의 바르게 행동하라고 하는 선생님은 좋아. 믿을 만한 선생님이라고 생각해."
주영이는 예전에 있었던 일을 이야기했습니다.

"나 예전에 잘못한 것도 없이 억울하게 혼난 적이 있었어. 근데 나중에 선생님이 오해했다면서 미안하다고 사과하는 거야. 어른이 나한테 사과하는 거 처음 봤어. 진짜 눈물날 뻔했어. 선생님이 너무 고마워서."

주영이의 말이 끝나자마자 모든 친구들이 공감했습니다.

"와~ 진짜? 멋진 선생님이다!"

"그런 선생님 보면 진짜 존경하고 싶어져."

많은 친구들이 열정적이고 정직하고 성실한 선생님을 보면 자연스럽게 존경심이 든다고 이야기합니다. 반면에 어리다고 무시하거나, 차별하거나, 자기 기분에 따라서 행동하는 기분파 선생님을 보면 존경심이 사라진다고 합니다. 아마 여러분도 같은 생각일 것입니다.

> **TIP** 우리에게 도움을 주는 좋은 선생님들의 특징
>
> 1. 사명감을 가지고 열정적으로 교육하는 선생님
> 2. 인간적이고 따뜻한 마음과 친절한 말투의 선생님
> 3. 칭찬을 자주 해주는 선생님
> 4. 사소한 약속도 지켜주는 선생님
> 5. 항상 일관되게 행동하는 선생님
> 6. 자신의 잘못을 사과할 줄 아는 선생님

08

선생님께
관심 받고 싶어요

선생님에게 관심을 받고 싶어서 선생님의 마음을 불편하게 하는
행동이나 일탈 행동을 일부러 한다는 친구들이 있습니다.
그런데 그렇게 한다고 선생님이 관심을 가져줄까요?
선생님의 관심을 받고 싶다면 어떻게 해야 할까요?

연재는 마음에 드는 선생님이 생겼습니다. 바로 담임선생님입니

다. 나중에 크면 선생님처럼 되고 싶다는 생각까지 했습니다. 선생

님과 얘기를 하고 싶은데, 무슨 말부터 해야 할지 고민이었습니다.

어느 날 연재는 쉬는 시간에 교무실로 선생님을 찾아갔습니다.

"우리 연재, 무슨 일이니?"

"선생님, 저 머리가 아파요."

"언제부터 그랬어?"

"가끔 한 번씩 아파요."

"그래? 보건선생님한테 한번 가볼까?"

"아니, 그 정도는 아니고, 그냥 참아볼게요."

"수업은 들을 수 있겠니?"

"네."

그렇게 몇 마디 하지도 못하고 교실로 돌아왔습니다. 선생님이랑 오랫동안 이야기하고 싶은데 그게 마음처럼 되지 않아서 속상했습니다. 그런데 선생님은 이런 생각을 했습니다.

'연재가 머리가 아프다는데 괜찮을까? 혹시 중학교에 적응을 못해서 그런 걸까? 부모님과 통화를 해봐야겠네.'

연재의 잘못된 표현 방법이 선생님의 마음을 불편하게 만들었던 것입니다. 연재는 어떻게 하면 좋을지 대학생 언니와 이야기해 보았습니다.

"언니! 선생님이 보고 싶기도 하고, 이야기도 해보고 싶은데 어떻게 해야 할지 모르겠어. 아프다고 하면 걱정하시고, 속상해 죽겠어."

"그럴 땐 간단한 방법이 있지."

"그게 뭐야? 빨리 알려줘~!"

연재는 방법이 있다는 말에 뛸 듯이 기뻤습니다.

"잘 들어. 방법은 3가지야. 첫 번째는 '인사 잘하기', 두 번째는 '잘 웃기', 세 번째는 '쪽지 쓰기'야."

"에이, 그게 뭐야?"

"연재 너, 선생님들이 가장 좋아하는 게 뭔지 알아?"

"공부 잘하는 거!"

연재는 당당하게 대답했습니다.

"땡! 인사 잘하는 거야."

"말도 안 돼. 인사 못하는 사람이 어디 있어?"

말도 안 된다는 연재의 표정에 언니는 설명을 덧붙였습니다.

"그냥 고개만 까딱하는 인사 말고, 허리를 45도 숙여서 진심으로 하는 인사! 유치원 아이들이 하는 '배꼽 인사' 스타일. 그게 진짜 선생님들을 기분 좋게 하는 거야."

"응? 그건 쉽네."

"그리고 네가 좋아하는 선생님을 보면 항상 웃어. 그래야 선생님도 기분이 좋아지지. 아프다고 얼굴 찡그리면 선생님 기분이 좋겠냐고?"

"뭐 웃는 건 할 수 있는데, 아프다는 말 말고 선생님한테 무슨 얘기해? 그냥 관심 받고 싶어서 왔다고 할 수도 없잖아. 그럼 선생님이 나를 '관종(관심을 받는 것에 유난히 집착하는 부류의 사람)'이라고 싫어하지 않을까?"

연재는 걱정스러운 표정으로 물었습니다.

"그렇지 않아. 선생님 하고 이야기하고 싶어서 왔다고 하는데 귀찮다고 혼내는 선생님은 한 명도 없을 걸?"

"음, 그래도 좀 쑥스러운데."

"직접 말로 하기 어려우면, 네 마음을 메모나 쪽지에 담아 선생님께 드려봐. 완전 감동하실 거야."

TIP 선생님과 친해지는 방법 3가지

1. 매일 아침 공손하게 배꼽 인사를 한다.
2. 항상 웃는 얼굴로 선생님을 대한다.
3. 감사의 쪽지나 메모로 마음을 표현한다.

09

진짜 지식은
어디서 찾아야 하나요?

인터넷 검색창에 질문하면 뭐든지 알 수 있다고요? 그런데 그게
정말 맞는 답인지 확신할 수 있을까요? 홍보용 글과 엉터리 지식이
난무하는 인터넷 세계, 어디에서 진짜 정확한 지식을 찾을 수 있을까요?

진호는 친한 친구인 규현이에게 물어보았습니다.

"오늘 숙제 엄청 어렵던데. 너 어떻게 해야 하는지 알아?"

"인터넷 검색하면 다 나오는데 뭘 걱정이야?"

진호는 집에 오자마자 인터넷 검색을 시작했습니다. 숙제의 내용
을 검색해보니 수많은 글과 내용이 나왔습니다. 링크되어 있는 한
블로그에 들어가 보니 자세한 내용과 사진까지 나와 있어서, 진호
는 숙제를 생각보다 쉽게 해결했습니다.

다음날 수업시간, 진호는 숙제를 당당히 발표할 수 있었습니다. 그
런데 선생님의 표정이 밝지 않았습니다.

"발표는 잘했는데, 선생님이 숙제로 내준 건 그게 아니었어. 어디
서 자료를 찾아봤니?"

진호는 깜짝 놀랐습니다.

"인터넷 검색했는데요?"

진호뿐 아니라 반 친구들 모두 의아한 표정이었습니다. 선생님이 말씀하셨습니다.

"다른 친구들도 인터넷 검색해서 숙제했나요? 인터넷이 편리하긴 하지만, 자세히 살펴보면 정확하지 못한 게 많아요."

"선생님! 지식인에 답글 달아주는 사람들은 전문가 아닌가요?"

"인터넷 답글은 아무나 달 수 있어요. 사실 그 분야의 전문가가 아닌 경우가 더 많아요."

인터넷 검색이 전부라고 생각했던 많은 친구들은 어리둥절한 표정이었습니다.

"그러면 정확하고 올바른 자료는 어디서 찾을 수 있나요?"

규현이가 선생님께 질문했습니다. 선생님은 아무 말 없이 칠판에 한 단어를 적었습니다.

'책'

"사람들이 살고 있는 세상에 대한 모든 지식이 담겨있는 것이 바로 책이에요. 사전도 책 중 하나죠. 영어단어를 모르면 스마트폰으로 검색할 게 아니라 영어사전을 넘겨가면서 단어를 찾는 게 가장 좋아요. 사전을 살펴보면서 눈에 들어오는 간접 지식도 무시하지 못해요. 백과사전이나 전문적인 책도 마찬가지예요. 진짜 전문가들로부터 인정받은 올바른 지식이 담겨있는 책이죠."

"선생님, 저희 집에는 종이로 된 사전이 없는데 어떻게 해야 하나요?"

선생님은 칠판에 또 다른 단어를 적었습니다.

'도서관'

"모든 책을 전부 구입해서 집에 둘 수는 없겠죠. 그래서 도서관이 있는 거예요. 도서관은 이렇게 올바른 지식과 지혜가 담겨 있는 사전과 책들을 보관하는 곳이에요."

인터넷이 지식의 전부라고 생각했던 반 친구들에게는 신선한 충격이었습니다. 수업이 끝나자마자 진호는 도서관으로 달려갔습니다. 커다란 백과사전을 뒤져가면서 공부했던 내용을 찾아보았습니다. 인터넷에서 찾아보았던 내용과는 다른, 더 정확하고 종합적인 정보가 담겨 있었습니다. 더 자세한 내용을 찾아볼 수 있는 출처도 알 수 있어서 심도 있는 공부가 가능하다는 것을 깨닫게 되었습니다.

'책을 자주 보는 사람들이 현명한 생각을 할 수 있다.'는 말이 있습니다. 좋은 책을 많이 읽는 것이 현명하고 훌륭한 사람이 되는 최선의 지름길입니다. 인터넷은 인류의 지식 중 일부만 데이터로 저장된 공간에 불과합니다. 시간과 장소에 관계없이 빠르게 정보를 확인할 수 있는 장점이 있지만 반면 정확한 자료를 찾기는 아직도 힘든 것이 사실입니다.

▣ 지식의 종류와 특징

	인터넷 기반 지식	출판물 기반 지식
장점	• 시간과 장소에 무관 • 신속한 공유	• 인증된 정확한 지식 습득 가능 • 광고 없이 필요한 정보만 확인 가능
단점	• 부정확하고 검증되지 않은 자료 • 홍보 목적의 글 구분이 힘듦	• 책을 구입하거나, 도서관을 이용해야 함

10

선배의 말은
모두 따라야 하나요?

'무엇인가를 먼저 해 본 사람'을 우리는 선배라고 부릅니다.
학교에서 선배라면 공부를 먼저 한 사람을 뜻합니다. 인격적으로
우월하거나 존경의 대상이 된다는 의미는 아닙니다. 그렇다면 어떤 선배가
훌륭한 선배일까요? 그리고 선배의 말은 모두 따라야 하는 걸까요?

중고등학교에는 각자 좋아하는 분야의 활동을 할 수 있는 동아리
(서클, 클럽, 모임 등)가 있습니다. 유리는 화학 실험을 하는 동아리에
들어갔습니다. 오늘은 첫 활동을 시작하는 날, 유리는 두근거리는
마음으로 동아리실로 갔습니다. 신입회원들은 앞으로 무엇을 배
우게 될지 이야기하느라 바쁩니다. 그런데 교실로 들어온 선배들
의 표정이 좋지 않습니다.

"다들 똑바로 서! 선배가 들어오는데 자세가 그게 뭐야?"

한 선배가 다짜고짜 큰소리를 치며 신입 회원들을 나무랍니다.

"동아리 활동의 기본규칙을 설명하겠다. 선배를 보면 무조건 90도
로 머리 숙여 인사한다. 모임 시간에는 절대 늦지 않는다. 간식이
있으면 선배들이 다 먹을 때까지 기다린다……"

선배의 입에서 동아리 규칙이 끝도 없이 이어졌습니다. 너무 많은 얘기를 들어서 기억도 나지 않고 다리만 아픕니다. 두근거리던 동아리 활동 첫날은 이렇게 끝이 났습니다. 1학기가 거의 다 갈 때까지 누군가 인사를 안 하거나 실수한 날엔 따로 모여서 얼차려를 받으며 혼이 나기도 했습니다.

이제 기말고사 전에 축제가 열린다고 합니다. 우리 동아리에서도 재미있는 체험 실험을 준비하기로 해서 많이 바빠졌습니다. 2학년 1명과 1학년 1명이 한 조가 되어 실험을 준비하게 되었습니다. '아, 이 선배는 말 걸기 힘든데. 잘 지낼 수 있을까?' 유리와 같은 조를 하게 된 2학년 선배는 평소에 말이 없는 편이라 서먹하기도 하고 무슨 이야기를 꺼내야 할지 몰라 걱정이었습니다.

"어, 안녕? 유리 너한테는 첫 축제구나. 나도 작년에 처음 준비할 때는 굉장히 긴장되고 떨렸어. 그래도 다 하고 나면 뿌듯해. 잘해 보자!"

의외로 먼저 말을 걸어주는 선배 덕분에 유리는 마음이 편안해졌습니다.

"잘 부탁드려요, 선배. 저 열심히 할게요."

선배는 유리에게 조심해야 할 점들을 쉬운 것부터 차근차근 가르쳐 주었습니다. 그리고 함께 무슨 실험을 하는 게 좋을지 조사해보고 같이 이야기하자고 했습니다. 무언가를 결정할 때도 유리의 의견을 존중해주었습니다. 다른 1학년 친구들은 모두 유리를 부러

위했습니다.

"유리, 넌 진짜 운 좋은 거야. 나랑 같은 조 선배는 무조건 자기 말에 따라야 한대. 실험도 자기가 하고 싶은 거로 골랐어. 나는 다른 게 하고 싶었는데, 내 이야기는 듣지도 않아. 실험 정리도 다 내 차지야. 완전 왕 노릇하고 있어. 빨리 2학년 돼서 나는 선배 하고 싶어."

선배는 어떤 것을 먼저 경험했기에 무엇을 해야 하는지, 어떻게 해야 하는지 경험하지 않은 사람보다 조금 더 알고 있습니다. 자신이 겪어보았기에 좋은 것과 좋지 않은 것, 잘할 수 있는 방법과 실패했던 경험 등을 알고 있는 것입니다. 그런데 어떤 이들은 '내가 먼저 해보았으니까, 모르는 당신은 내가 하자는 대로 따라와.'라고 합니다. 하지만 현명하고 좋은 선배들은 후배에게 자신의 생각과 경험을 무조건적으로 강요하지 않습니다. 자신들의 경험을 알려주고 후배들에게 친절하게 설명해줍니다. 이런 선배들은 자연스럽게 후배들의 인기를 얻게 됩니다. 나쁜 선배는 '내가 힘들었으니까. 너도 한번 겪어봐.'라고 하고, 좋은 선배는 '내가 힘들었으니까, 너는 안 힘들기를 바래.'라고 한답니다.

TIP 진짜 멋진 선배 되기

먼저 인사하라
인사는 먼저 발견한 사람이 하는 것입니다. 학교에 적응하느라 정신없는 신입생이나 후배보다, 여유 있는 선배가 먼저 인사하는 게 좋습니다. 쿨하고 멋진 선배로 보이는 첫걸음입니다.

노하우를 공유하라
내가 겪었던 시행착오를 통해 나만의 비법과 노하우를 공유해보세요. 후배들 사이에서 가장 인기 있는 선배가 될 것입니다.

버럭 선배는 No! 상냥한 볼매 선배가 되어라
화내고 야단치는 선배는 후배들의 기피 1순위입니다. 후배가 잘못했을 때에는 무엇을 잘못했는지 알려주고, 옳은 방향으로 이끌어주세요. 부드러운 목소리로 무엇을 잘못했는지 설명해준다면 후배에게 볼매(볼수록 매력적인) 선배로 인정받을 수 있습니다.

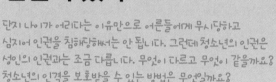

청소년도
인권이 있다고요

단지 나이가 어리다는 이유만으로 어른들에게 무시당하고
심지어 인권을 침해당해서는 안 됩니다. 그런데 청소년의 인권은
성인의 인권과는 조금 다릅니다. 무엇이 다르고 무엇이 같을까요?
청소년의 인격을 보호받을 수 있는 방법은 무엇일까요?

"우리도 인권이 있는 거 아니야? 우리에겐 학원 안 갈 권리가 있다
고."

"맞아. 자기 머리 자기가 염색하는데 왜 안 된다고 하냐고?"

중1 동생과 중3 형이 인권 얘기를 하는데, 삼촌이 물어봅니다.

"너희들, 무슨 얘기 하니?"

"우리에게도 인권이 있는데, 어른들이 탄압한다고요."

"그래. 그게 불만이니?"

"당연하죠. 인권이란 사람이 당연히 누려야 할 권리잖아요. 집에
서 쉬고 싶은데 학교에 가야 하고 학원도 가야 하고. 난 커서 인권
변호사 할 거예요. 우리 같은 학생들 인권 보호해주는 사람."

"그런데 너 한 가지 아주 중요한 걸 잊고 있는 것 같다."

"뭔데요?"

"성인과 청소년은 인권이 조금 달라. 절대 어리다고 무시하는 게 아니야. 예를 들어보자. 어른들이 법을 어기면 어떻게 되지?"

"감옥 가는 거 아닌가요?

"그래. 어른들은 자기가 저지른 일에 대해서 본인이 책임을 져. 그런데 청소년의 경우는 그렇지 않아."

"그게 무슨 말이에요?"

"만약에 네가 학교에서 큰 잘못을 하면 선생님이 뭐라고 하지?"

"부모님 모셔오라고 하죠."

"그렇지! 청소년은 스스로 책임질 수 있는 나이가 아니라서 부모님이 대신 책임을 져주는 거야. 책임이 있는 만큼 권리도 있는 거야."

"아! 자기가 책임을 지지 않아도 되는 부분이 있으니까 권리도 제한된다는 얘기구나."

"그렇지. 이제 말을 좀 알아듣는구나."

"그렇지만 학생 인권도 중요하잖아요."

"물론이지, 그런데 지금 네가 말하는 내용은 '인권'이라기보다 '인격'이라는 말에 더 가깝다고 봐. 무시당하지 않고, 존중받을 수 있는 권리 말이야. 아무리 어려도 인격은 존중되어야 하니까."

우리 청소년들의 인권도 소중합니다. 그런데 어른들의 인권과 청소년의 인권은 약간 차이가 있습니다. 청소년은 잘못에 대해서 책임을 질 수 있는 부분이 한정되어 있기 때문이죠. 하지만 어른이나 청소년, 어린이 누구나 '인격적'으로 존중받아야 합니다. 일부 청소년들은 자신들의 요구사항을 모두 인권으로 포장해 주장하기도 합니다. 하지만 이런 행동은 인권과 인격을 구분하지 못하는 것입니다. '인권'은 책임진 만큼 누릴 수 있는 권리, '인격'은 사람으로서 당연히 받아야 하는 대접이라고 정리하면 쉽게 기억할 수 있겠죠.

성인이 되면 인권은 자연스럽게 그 영역이 넓어집니다. 그런데 인격은 태어나면서부터 죽을 때까지 보장받아야 되는 것입니다. 미성년자라서 성인영화를 보지 못하거나 술을 마시지 못하는 것은 인권을 무시당하는 것이 아니라, 아직 스스로를 책임지지 못하기 때문입니다. 성인이 된다면 아무도 그런 행동을 간섭하지 않습니다. 반면 범죄로부터 보호받거나, 신체적으로 억압받지 않을 권리는 인격에 해당합니다. 누군가 여러분에게 신체적인 고통을 주든지, 모욕을 한다면 인격을 침해당했다고 볼 수 있습니다. 그 누구도 인격을 침해할 수 없습니다. 그것은 범죄행위입니다.

짱이나 일진과는 친구가 될 수 없나요?

12

'짱'이나 '일진'이라는 말을 들으면 거친 행동과 말투, 무엇이든지 자기 맘대로 하고 다른 아이들을 괴롭히는 아이들이 생각나지 않나요? 그런데 이런 아이들은 왜 짱이나 일진이 되었을까요? 짱과는 친구가 될 수 없는 걸까요?

경진이는 학교에서 짱으로 유명합니다. 보통 일진 아이들과는 다르게 경진이는 공부를 잘해서 반에서 10등 안에 듭니다. 경진이는 키도 크고 운동신경도 좋습니다. 어찌 보면 엄친아 같은 친구입니다. 그런데 경진이는 항상 다른 아이들을 괴롭히고 남의 물건을 가져갑니다. 좋아 보이는 학용품이나 운동화를 빼앗기도 합니다. 반 아이들은 모두 경진이를 피합니다. 경진이는 다른 반 일진들과 어울려 다니고, 가끔 다른 학교로 원정을 가서 패싸움을 하기도 합니다. 대학생과 싸워서 이겼다는 소문도 들립니다.

같은 반 민수는 어머니에게 경진이 얘기를 들었습니다. 민수 어머니와 경진 어머니가 여고 동창이기 때문입니다. 어머니 말로는 경진이 아버지가 분노조절장애라는 병을 가지고 있다고 합니다. 어떤 일이 마음에 들지 않으면 바로 화를 내고 가족들을 향해 폭력을 휘두른다고 합니다. 경진이 어머니 역시 약간 강박증이 있어서 경진이에게 요구하는 것, 바라는 것이 너무 많다고 합니다. 민수는 경진이가 학교에서 왜 그런 행동을 하는지 어렴풋이나마 알 것 같았습니다.

일진 아이들은 대부분 붕괴된 가정에서 성장하는 경우가 많습니다. 경진이의 경우처럼 부모가 폭력적인 경우도 있고, 지나치게 무관심한 경우도 있습니다. 또는 아버지나 어머니 한쪽이 없는 경우, 부모님이 모두 없어서 조부모와 같이 사는 경우도 있습니다. 간혹 학교폭력의 피해자였던 아이들이 오히려 학교폭력의 가해자로 돌변하는 경우도 있습니다. 그런데 이렇게 다양한 배경을 가진 일진 아이들에겐 공통점이 있습니다. 모두 인정받고 싶어 하고, 칭찬에 목말라 있다는 점입니다. 그런데 평생 관심을 받아본 경험이 없어서 어떻게 표현해야할지를 모릅니다. 폭력을 쓰고 아이들을 괴롭히는 이면엔 관심 받고 싶은 마음이 있는 것입니다.

유치원 꼬마 아이들의 행동을 유심히 관찰해 보면 이런 상황을 더 쉽게 이해할 수 있답니다. 어린 남자아이들은 좋아하는 여자아이가 생기면 그 아이에게 다가가서 괴롭히기 시작합니다. 심리적으로 이것은 '초보적인 관심의 표현'이라 할 수 있습니다. 아직 인간관계를 잘 모르는 어린아이들은 이렇게 관심을 표현합니다. 정상적인 사람이라면 성장하면서 이런 초보적인 방법에서 벗어나 점점 세련된 방법을 사용합니다. 예를 들면, 친절하게 먼저 인사를 하거나 웃음을 짓거나 선물을 주기도 합니다. 이런 것이 '성숙한 관심의 표현'입니다. 그런데 일진 청소년들은 유치원 꼬마와 같은 '초보적인 관심의 표현'에서 발전하지 못했습니다. 같은 반 친구들을 너무 괴롭혀 체벌을 받은 한 일진 아이의 말입니다.

"저 아이들하고 친해지고 싶어서 그랬어요."

선생님이나 상담사들이 일진 아이들을 상담해보면 태어날 때부터 나쁘거나 성격이 못된 아이들은 없습니다. 그들의 부모 혹은 지금의 상황이 그들을 점점 옥죄어 오고, 결국 그들이 일탈할 수밖에 없게 내몰고 있는 것입니다. 작은 관심이 일진 아이를 올바른 학생, 혹은 좋은 친구로 만들어줄 수 있습니다. 하지만 단순한 호기심으로 일진 아이들한테 상처를 준다면 오히려 상황을 악화시킬 수 있습니다. 나의 평생 친구를 한 명 만든다고 생각하고 진심으로 대한다면 그 친구도 일진 생활을 접고 여러분의 진정한 친구로 다가올 것입니다.

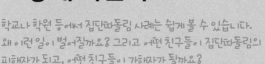

집단따돌림이
그렇게 나쁜가요?

학교나 학원 등에서 집단따돌림 사례는 쉽게 볼 수 있습니다.
왜 이런 일이 벌어질까요? 그리고 어떤 친구들이 집단따돌림의
피해자가 되고, 어떤 친구들이 가해자가 될까요?

넓은 아프리카 사바나 초원에 얼룩말 무리가 여유롭게 풀을 뜯고 있습니다. 그런데 저 멀리서 암사자 서너 마리가 낮은 포복으로 얼룩말 무리를 향해 다가갑니다. 사냥 기술을 타고난 사자들은 맞바람을 받으며 은밀하게 이동합니다. 얼룩말 무리에 상당히 접근했는데도 얼룩말들은 눈치채지 못한 것 같습니다. 순간 무리 중 한 마리가 웅크려 있는 사자를 발견하고 전체 얼룩말들에게 경고 메시지를 보냅니다. 모든 얼룩말들이 화들짝 놀라 전속력으로 달아나기 시작합니다. 사자들도 이 기회를 놓치지 않고 전력 질주하며 먹잇감을 쫓습니다. 무리 중 다리를 다쳐 잘 달리지 못하는 얼룩말이 한 마리 있었습니다. 이 다리 다친 얼룩말은 다른 건강한 얼룩말들이 도망가는데 오히려 방해가 되었습니다. 얼룩말 무리는 이 한 마리를 남겨두고 급격하게

방향을 바꿔 달아나기 시작합니다. 사자들은 미처 방향을 바꾸지 못하고 도태된 이 얼룩말을 단숨에 덮쳐버립니다. 야생동물의 세계에서는 흔하게 있는 일입니다. 포식자들의 먹이가 되는 동물들은 어리거나 늙고 병들었거나, 부상당한 녀석들입니다.

놀랍게도 이런 야생 동물들의 행태가 사람들 사이에서도 심심찮게 관찰됩니다. 주변에서 집단따돌림(왕따, 이지매いじめ, 불링bullying)을 당하는 친구들을 본 적이 있을 겁니다. 집단따돌림의 심리적인 원인도 야생동물 무리와 다르지 않습니다. 집단따돌림은 지능이 낮은 동물들 사이에서 일어나는 현상이지 문명의 지혜를 가진 사람들 사이에서 일어나서는 안 될 일입니다. 그런데 우리는 크고 작은 집단따돌림 현상을 목격합니다. 그런데 그 가해자와 피해자들의 행동을 살펴보면 어떤 특징이 있음을 알 수 있습니다.

먼저 집단따돌림 현상의 피해자는 다른 사람들이 꺼리는 성격을 가지고 있는 경우가 많습니다. 이기적으로 행동하여 다른 사람에게 피해를 주는 경우도 있고, 어떤 문제가 생기면 다른 사람에게 책임을 떠넘기거나 뒷담화를 습관적으로 하기도 합니다. 또 잘 씻지 않아 몸에서 악취가 나거나, 교복이나 옷이 너무 지저분해서 친구들이 쉽게 다가가지 못하는 경우도 있습니다. 마지막으로 너무 잘난 척, 아는 척 하는 사람들도 쉽게 따돌림의 대상이 됩니다. 많은 사례를 살펴보면 왕따의 일차적인 원인은 당사자에게 있다고 볼 수 있습니다.

그런데 습관적으로 집단따돌림을 선동하는 가해자들도 분명히 존재합니다. 어떻게든 대상을 만들어 다른 친구들이 그 아이를 괴롭히도록 선동하고 분위기를 유도하는 것입니다. 그런데 이렇게 집단따돌림을 선동하는 가해자의 경우 오히려 자존감이 매우 낮고 성격적으로 결함이 있는 경우가 대부분입니다. 특히 정상적이지 못한 가족관계에서 성장한 아이들이 태반입니다. 가족에게 받아야 할 관심을 받지 못하고 집단따돌림을 조장함으로써 그 관심을 받으려는 것입니다.

청소년들에게 일어나는 집단따돌림 현상에서 가장 나쁜 역할을 하는 사람들은 어찌 보면 방관자들입니다. 분명히 자기 옆에서 이런 사건들이 일어나고 있는데 이를 못 본 척하고 자신에게 피해가 올 것을 두려워하는 모습은 너무나 이기적입니다. 상황이나 환경의 영향으로 불가피하게 집단따돌림에 놓이는 가해자나 피해자와는 달리, 방관자는 객관적인 측면에서 이성적으로 상황을 파악할 수 있습니다. 이들 방관자들이 집단따돌림을 예방하거나 신속하게 해결할 수 있는 가장 중요한 열쇠를 쥐고 있다고 할 수 있습니다. 집단따돌림을 목격한다면 즉시 선생님에게 알리거나 부모님의 도움을 받아야 합니다. 그렇게 행동하는 것이 정의로운 모습입니다. 집단따돌림을 못 본 척 하는 것 역시 가해자의 또 다른 모습이니까요.

내가 학교폭력의 피해자라면

14

학교폭력이 발생하면 경찰에 신고하면 된다고요?
실제로 신고만으로 학교폭력에서 벗어나기는 어렵습니다.
오히려 피해자가 가해자를 피해 전학을 가는 경우가 허다합니다.
만약 내가 뜻하지 않게 학교폭력의 피해자가 되었다면
어떻게 해야 할까요?

경찰서 취조실, 학교폭력 가해자로 지목된 고등학교 2학년 경환이는 그동안 자신이 저질렀던 잘못을 하나하나 기록하고 있었습니다. 경환이는 별 죄의식 없이 했던 행동들인데, 같은 반 친구들과 후배들이 괴롭힘을 참지 못하고 신고를 하였던 것입니다. 사실 경환이 때문에 마음에 상처를 입은 친구들이 많았습니다. 사실 경환이는 중학생 때까지만 하더라도 학교폭력의 피해자였습니다. 운동부였던 다른 친구들에게 각종 셔틀과 금품을 갈취당하고 심지어 맞기까지 했습니다. 하지만 보복이 두려워 신고하거나 누구에게 이야기도 못 했던 것입니다. 그렇게 괴로운 중학교 시절을 보낸 경환이는 스스로 다짐했습니다.

'이제 두 번 다시 학교폭력을 당하지 않을 거야.'

경환이는 고등학교에 진학하자 그동안 자기를 괴롭혔던 아이들도 없고, 같은 학년 아이들도 모두 얌전하다는 사실을 알았습니다. 알 수 없는 자신감이 생긴 경환이는 친구들 사이에서 자기주장을 강하게 했지만, 아무도 말리거나 간섭하지 않았습니다. 경환이는 '어? 다른 아이들이 나를 무서워하나?'라고 생각했습니다. 하지만 이는 경환이의 착각이었습니다. 사실 다른 친구들은 공부에 전념하느라 신경 쓸 여력이 없었을 뿐입니다. 하지만 '피해의식'이 있던 경환이는 점점 난폭하게 변했고 약해 보이는 친구들을 괴롭혔습니다. 결국 피해자들의 신고로 경환이는 자신이 저질렀던 잘못에 책임을 지게 되었습니다.

학교폭력의 가해자들은 마음이 약하고 피해의식이 있는 경우가 많습니다. 자기 자신이 상처를 받을까봐 두려워하는 마음에 오히려 상대방을 괴롭히거나 학대하는 것입니다. 약한 아이들을 괴롭히면서 본인은 폭력의 대상이 아님을 안도합니다. 또 폭력적인 가정환경 때문에 습관적으로 친구들을 괴롭히는 아이들도 있습니다. 이들은 자신의 행동이 다른 사람에게 어떤 영향을 끼치는지 전혀 알지 못하는 경우입니다. 그만큼 대인관계나 인격 형성에 장애가 있다고 할 수 있습니다. 나중에 성인이 되어서도 정상적으로 생활하지 못하고 범죄자가 되거나 실패한 인생을 살게 됩니다.

만약 여러분이 학교의 누군가로부터 학대나 피해를 받게 된다면 가장 먼저 본인의 행동을 되돌아볼 필요가 있습니다. 내가 했던 말이나 행동이 다른 누군가에게 피해를 주지는 않았는지, 아니면 내가 무의식적으로 이런 피해의식이 있는 아이들을 자극하지는 않았는지 확인해 보아야 합니다. 실제로 다수의 학교폭력 피해자들은 본인 스스로 피해를 입을 수 있는 행동을 합니다. 예를 들면 뒤에서 친구를 무시하는 발언이나 행동을 한다든지, 스스로 잘난 척하는 모습을 보이는 것입니다. 청소년이 되어서도 본인의 주관 없이 무조건 부모의 의견만 따르는 마마보이 mamma's boy나 파파걸papa's girl도 학교폭력의 피해자가 되기 쉽습니다.

이렇게 본인의 행동을 되돌아보았을 때 잘못된 행동이 있다면 즉시 고치고 사과한다면 상당수의 폭력과 따돌림을 예방할 수 있습니다. 그런데 스스로 생각해 보았을 때 그 원인을 알 수 없다면, 친구들과 선생님께 학대받는다는 사실을 알리고 그 상황을 해결할 수 있는 길을 찾아야 합니다. 이렇게 해도 상황이 호전되지 않는다면, 부모님이나 전문상담기관에 알리는 최후의 방법을 사용하는 것이 좋습니다. 경찰 등 수사기관에 신고를 할 때도, 선생님과 부모님의 지도 하에 하는 것이 좋습니다.

2장

앞으로 뭘 해야 할지 모르겠어요

성공을 부르는 진로 설계 방법

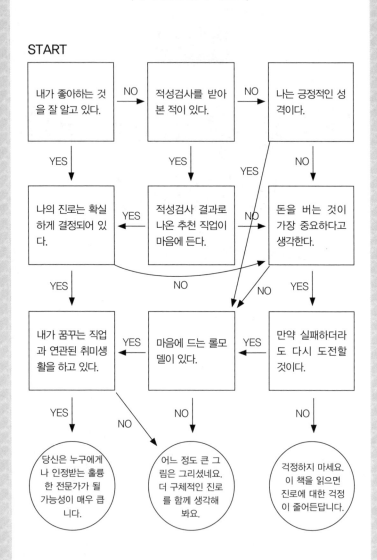

〈나의 진로 심리 테스트〉

START

내가 좋아하는 것을 잘 알고 있다. —NO→ 적성검사를 받아 본 적이 있다. —NO→ 나는 긍정적인 성격이다.

나의 진로는 확실하게 결정되어 있다. ←YES— 적성검사 결과로 나온 추천 직업이 마음에 든다. —NO→ 돈을 버는 것이 가장 중요하다고 생각한다.

내가 꿈꾸는 직업과 연관된 취미생활을 하고 있다. ←YES— 마음에 드는 롤모델이 있다. ←YES— 만약 실패하더라도 다시 도전할 것이다.

당신은 누구에게나 인정받는 훌륭한 전문가가 될 가능성이 매우 큽니다.

어느 정도 큰 그림은 그리셨네요. 더 구체적인 진로를 함께 생각해봐요.

걱정하지 마세요. 이 책을 읽으면 진로에 대한 걱정이 줄어든답니다.

난 잘하는 것도, 좋아하는 것도 없어요

01

특기적성검사도 받아보고, 진로교육을 받아 봐도 도무지 내가 좋아하는 일을 찾을 수 없습니다. 오히려 이게 진짜 내가 좋아하는 일인지 혼란스럽습니다. 그런데 청소년기에 이런 고민을 하는 것은 너무 당연합니다. 진로는 언제 어떻게 결정해야 하나요?

"아빠, 진로를 어떻게 결정해야 할지 모르겠어요."

"학교에서 특기적성검사 했다면서?"

"대충 알긴 하겠는데, 잘하는 걸 해야 할지 좋아하는 걸 해야 할지가 고민이에요."

"당연히 수진이가 좋아하는 걸 해야지!"

아버지의 대답에 수진이는 눈이 동그래졌습니다.

"왜요? 잘하는 걸 해야 돈도 많이 버는 것 아닌가요?"

"그건 일부는 맞고 일부는 틀린 이야기야. 네가 지금 잘하는 게 뭐지?"

"음, 피아노요."

"그런데 이 세상엔 그 일을 수진이보다 잘하는 사람이 수도 없이 많겠지?"

"아빠는 딸 기죽이는 말을 그렇게 아무렇지도 않게 해요? 그래도 아빠, 내가 열심히 하면 그들을 따라잡을 수 있지 않을까요?"

"물론 그 사람들보다 몇 배 더 노력하면 가능하겠지. 그런데 그게 쉬울까?"

"음……"

"그 사람들보다 열심히 하려면 '잘하는 것'보다 '좋아하는 것'이 훨씬 중요해. 수진이가 시간 가는 줄 모르고 좋아하는 게 뭐지?"

"만화 그리는 거요."

"만약 네게 1년 동안 매일 만화만 그리라고 하면 어떨까?"

"진짜 좋죠!"

"그래! 바로 그거야! 계속 열심히 할 수 있다는 건 그 일을 즐긴다는 거야. 반대로 싫어하는 일을 하면 한 시간을 해도 지루하겠지. 즐길 수 있는 일을 하면 경쟁력은 저절로 생기는 거야. 당장 네가 잘하는 것처럼 보일지 모르지만, 정말 좋아하지도 않는 일을 평생 동안 할 수 있겠어?"

"아하! 아빠 말은 내가 평생 동안 재미있게 잘할 수 있는 일을 찾으라는 거죠?"

"바로 그거야!"

"아빠, 그럼 나 진짜 만화 그려도 돼요?"

"수진이가 원한다면 해야지. 그런데 일단 대학은 갔으면 좋겠다."

잘하는 것을 해야 할까요? 좋아하는 것을 해야 할까요?

많은 친구들이 고민하는 내용입니다. 이 문제에 대한 답은 항상 정해져 있습니다. '좋아하는 것을 해야 한다.'입니다. 지금은 학생 수준에서 잘하더라도, 졸업하거나 사회생활을 하게 되면 잘한다고 할 수 없는 경우가 대부분입니다. 어떤 이들은 잘하는 것을 해야 돈을 벌 수 있다고 합니다. 하지만 장기적인 관점에서 봤을 때는 좋아하는 것을 해야 훨씬 더 성공할 확률이 높아집니다.

인생주기와 성공지수 그래프를 보면, '잘하는 일'을 선택했을 경우 20세 미만에서는 월등히 성공지수가 높습니다. 돈을 많이 벌거나 사회적으로 인정을 받을 확률이 높다는 이야기입니다. 하지만 30세가 되면 '좋아하는 일'을 하는 사람과 '잘하는 일'을 하는 사람의 성공지수가 비슷해집니다. 그리고 40세 이후에는 좋아하는 일을 하는 사람의 성공지수가 훨씬 더 높아져 비교가 불가능할 정도입니다. 직업을 선택할 때 당장 눈앞의 이익을 쫓는 것보다 먼 미래를 내다보고 선택하는 지혜가 필요합니다.

■ 진로 설정과 성공의 관계

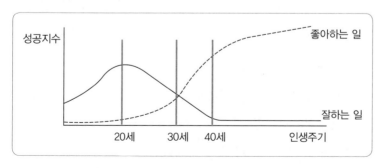

부모님이 원하는
진로를 따라야 할까요?

어른들이 제시하는 진로 중에는 청소년의 인생을 망칠 수 있는
엉터리가 있을 수도 있습니다. 이런 위험한 진로를 피하면서
내 꿈을 이룰 수 있는 진로 선택 방법이 있을까요?

"너는 커서 꼭 공무원 해야 해. 그래야 살기 편하다. 공무원 하려면
좋은 대학교 다녀야 하고, 그러려면 A학원에서 공부해야 합격할 확
률이 높단다."

"너는 커서 꼭 의사가 돼라. 의사가 되려면 일단 특목고에 가야 되
고, B학원이 특목고에 제일 많이 보낸다니 거기 다니도록 해라."

"요즘 대기업 들어가려면 명문대에 8대 스펙은 기본이란다. 영어
공부는 미리미리 해놓아야 해. 토익에서 토플까지 다 마스터해야
한다고."

엄마들의 정보통에 따르면 정해진 코스요리처럼 어떤 꿈에는 어
떤 진로라는 것이 정해져 있는 느낌입니다. 하지만 가끔은 틀린 정
보들도 있다는 것을 명심해야 합니다.

대기업에 입사하는 진로 하나만 놓고 봐도, 부모님이 알고 있는 방법은 일부분에 불과합니다. 실제로 그 방법은 셀 수도 없을 만큼 다양합니다. 어떤 사람들은 패키지식 코스요리 같은 방법이 최선이라고 하지만, 사실 잘 살펴보면 그 방법이 빠르지도 정확하지도 않습니다. 그런데 왜 어른들은 이런 패키지식 진로에 목을 매고 강요하는 걸까요?

어른들이 만들어낸 패키지식 진로는 1970~1990년대에 유행했던 방식입니다. 컴퓨터와 인터넷이 없었던 과거의 방법이기 때문에 현재에는 잘 맞지 않는 부분이 많습니다. 지금은 인강(인터넷이나 온라인강의)이나 방송을 통해서 강의를 듣거나 수업을 받을 수 있습니다. 모르는 것이 있으면 인터넷을 통해서 실시간으로 답을 확인해볼 수도 있습니다. 필요한 자료나 시험정보 역시 언제든지 확인이 가능하고 집에서 바로 출력해볼 수도 있죠.

그런데 컴퓨터가 없었던 옛날에는 공부하는 방법이나 정보를 얻는 방법이 지금과 달랐습니다. 유명한 강사의 강의를 듣기 위해서는 반드시 그 학원까지 직접 찾아가서 수업을 들어야 했고, 모르는 문제는 선생님이나 선배를 찾아가 어렵게 답을 구해야만 했습니다. 시험정보를 확인하려면 학원이나 대학에 직접 찾아가 대자보를 보고 확인해야 했습니다. 이런 시간과 노력을 줄여주기 위해 만들어진 것이 바로 패키지식 진로입니다. 선배나 전문가들이 이런 수고와 노력을 할 필요 없이 미리 '이러이러한 방법으로 공부하면 합격합니다.'라고 정해놓은 기준입니다.

□ 잘못 알려진 대기업 진로 패키지

□ 실제 대기업 입사방법

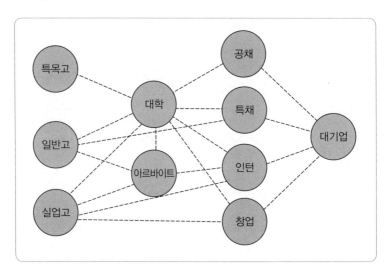

문제는 이 방법이 너무 구식이라는 점입니다. 변호사를 예로 들어 볼까요? 예전에는 법대를 졸업하고 사법고시에 합격한 다음 사법연 수원에서 공부해야 변호사가 될 수 있었습니다. 딱 이 한 가지 방법뿐 이었습니다. 그런데 요즘에는 변호사가 되는 방법이 상당히 다양합니다. 인터넷을 통해서 다양한 정보가 공유되기 때문에 누구나 다양한 방법을 찾아볼 수 있습니다. 그리고 우리나라뿐 아니라, 해외에서 변호사로 활동할 수 있는 기회도 더 많아졌습니다. 과거에는 꿈도 꾸지 못했던 방법들이죠.

어른들이 만들어 놓은 패키지식 진로는 더 이상 유효하지 않습니다. 의사, 공무원 등도 어른들이 알던 천편일률적인 방법 이외에 다양한 방법들이 있습니다. 그리고 국제 변호사, 미국 간호사처럼 해외로 취업하는 기회도 여러분을 기다리고 있습니다. 엉터리 진로에서 벗어나 여러분만의 멋진 길을 만들어보세요.

□ **진로 탐색 방법의 변화**

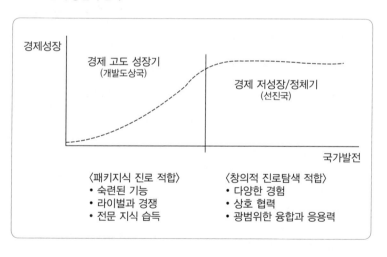

직업엔 정말
귀천이 없나요?

직업에는 귀천이 없다고 하지만 좋은 직업과 그렇지 못한
직업은 분명히 존재하기 마련입니다. 앞으로 청소년들이 좋은
직업을 갖기 위해서는, 무엇을 가장 중요하게 생각해야 할까요?

A는 가지고 싶은 건 무엇이든지 가질 수 있습니다. 마음에 드는 물
건이 있으면 그것을 가지고 있는 사람에게서 빼앗거나, 몰래 훔쳐
옵니다. 혹은 사람들을 속여서 그 사람들의 돈을 자신의 돈처럼 씁
니다. A는 돈도 많고 가지고 싶은 건 다 가질 수 있지만 결국 감옥
에 가게 됩니다. A는 사기꾼이나 도둑입니다.

B는 언변이 좋고 사람들을 잘 설득합니다. B는 자신이 가지고 있
는 화술을 이용해 사람들을 모으고 자신을 신격화 하는 종교를 만
들었습니다. 그 종교를 믿는 사람들은 모두 B를 떠받들고 B의 한
마디에 돈을 갖다 바칩니다. B는 사이비 종교의 교주입니다.

C는 한 기업의 회장입니다. 수많은 직원들이 C에게 굽실거립니다. C가 한마디 하면 회사는 그 일을 하기 위해 모든 일을 제쳐놓고 그 일에 몰두합니다. 그런데 회사에서 하는 일이 폭력으로 선량한 사람들을 괴롭히거나 불법적인 것들이 대부분입니다. C는 조직폭력배의 우두머리입니다.

사람들이 흔히 말하는 3D 직업은 아래와 같습니다.

Difficult 어려운 일

Dirty 더러운 일

Dangerous 위험한 일

그런데 우리 사회에 위와 같이 어렵거나 더럽거나 위험한 일을 하는 사람이 없다면 어떻게 될까요? 의사가 없다면 다친 사람이나 병든 사람들이 치료를 받지 못해 목숨을 잃거나 몸의 일부를 못 쓰게 될 수 있습니다. 환경미화원이 없다면 거리에는 쓰레기가 가득 차게 될 것입니다. 소방관이 없다면 많은 건물이 불타버리거나 사람들이 다칠지도 모릅니다. 이렇게 3D 직업은 우리가 피해야 하는 직업이 아니라 우리 사회에 없어서는 안 될 소중하고 가치 있는 직업입니다.

우리는 반대로 다음과 같은 3D 직업을 피해야 합니다.

Dreamless 꿈이 없는 일

Disappointing 다른 사람들에게 실망을 주는 일

Damaging 남에게 피해를 주는 일

내가 무언가를 얻기 위해 다른 사람에게 피해를 주는 일이나, 다른 사람에게 피해를 주지 않더라도 의미 없이 돈을 버는 일, 결과적으로 사람을 돕는 일이 아닌 경우에는 피해야 합니다. 또한 나의 꿈과는 관련 없는 일, 즉 타인의 강요로 어쩔 수 없이 해야 하는 일은 결코 좋은 직업이 아닐 것입니다.

누구를 롤모델로
삼아야 할까요?

04

'가장 존경하는 사람이 누군가요?'라는 질문에 선뜻 대답하지
못한다면 롤모델(role model)이 없는 것입니다. 그런데 나의
롤모델로 누구를 선택해야 할까요? 진짜 훌륭한 위인을 어떻게
알아볼 수 있을까요?

'위인'이라고 하면 무엇인가 특별하고 훌륭한 일을 한 사람을 말합니다. 그렇다면 지금 우리 시대의 훌륭한 위인은 누구일까요? 세종대왕이나 이순신뿐만 아니라 위인이라고 불리는 많은 사람들이 있습니다. 그런데 이 사람들은 두 가지 공통점을 가지고 있습니다.

첫 번째는 '남을 위해서 일하는 사람들'입니다. 자기만족보다 다른 사람들을 위한 삶을 살고, 더 나은 사회를 만들기 위해서 헌신하고 노력하는 사람입니다. 젊은 시절 아름다운 여배우로 유명했지만 평생을 아프리카 어린이들을 위해 헌신한 오드리 헵번(Audrey Hepburn, 1929~1993), 빈민과 고아 그리고 병자들을 위해 한 몸을 바친 테레사 수녀(Mother Teresa, 1910~1997), 전쟁터에서 죽어가는 수많은 병사들의 몸과 마음을 간호해준 플로렌스 나이팅게일(Florence Nightingale, 1820~1910), 무저항 비폭력 운동으로 제국주의에 맞선 마하트마 간디(Mohandas Karamchand Gandhi, 1869~1948) 같은 분들입니다.

두 번째는 '실패했을 때 포기하지 않고 다시 도전했다는 점'입니다. 누구나 삶에서 수많은 어려움을 겪기 마련입니다. 당연히 실패도 많이 하게 됩니다. 그런데 위인들은 이런 상황에서 포기하지 않고 계속 도전하는 모습을 보여줬습니다. 미국의 16대 대통령이 된 에이브러햄 링컨(Abraham Lincoln, 1809~1865)은 인생에서 커다란 27번의 실패를 경험한 것으로 유명합니다.

토마스 에디슨(Thomas Alva Edison, 1847~1931)은 전구를 만들기 위해 자신이 겪은 2,000번의 실패를, 오히려 전구를 만들지 못하는 2,000가지의 방법을 알게 된 것이라고 자랑스럽게 말했다고 합니다. 스티브 잡스(Steven Paul Jobs, 1955~2011) 역시 수없이 사업에 실패했을 뿐 아니라 자신이 만든 회사에서 쫓겨났던 적도 있습니다. 하지만 이들은 끊임없이 도전해 왔고 결국 지금 우리들에게 위인으로 존경받고 있습니다.

도서관에서 아주 오래된 위인전을 꺼내보면 이런 이야기가 나옵니다. '그가 태어났을 때 집 주변에 갑자기 구름이 피어오르고, 학이 날아다니고, 북두칠성이 유난히 반짝였다. 그는 3살 때 천자문을 모두 익혔고, 5살에 중국의 사서삼경을 모두 암기하였다.' 태어날 때부터 천재이거나 신동으로 태어났다는 이야기가 많다는 얘기입니다. 위인을 너무 과장해서 마치 신과 같은 존재로 떠받들기 위한 노력의 결과입니다.

옛날 위인전에는 선택받은 사람만 위인이 될 수 있다는 권위주의가 담겨 있습니다. 하지만 현대의 위인전엔 더 이상 이런 허무맹랑한 이야기는 없습니다. 대부분 평범한 사람들의 어린 시절과 다르지 않습니다. 하지만 중요한 점은 위기상황에 닥쳤을 때 포기하지 않고 어떻게 잘 헤쳐 나갔는지, 그리고 실패했을 때 어떻게 다시 도전했는지에 초점을 맞추어 상세히 기록하고 있습니다. 위인은 특별하게 태어난 사람이 아니라 좌절하지 않고 열심히 노력한 사람입니다.

05

진짜 적성 찾는 방법

적성을 찾기 위해 특기적성검사나 성향검사를 받기도 하고,
진로와 관련된 각종 테스트를 하기도 합니다.
그런데 '머리'가 아는 적성 말고 '몸'이 알고 있는 적성도
있다는데, 그게 어떤 의미인가요?

'머리로 생각하는 적성'과 '몸이 알고 있는 적성'이 같은 경우도 있지만 다른 경우가 더 많습니다. 적성검사 결과에 따라 직업을 구했던 어른들 중에 적응하지 못하는 경우도 꽤 있습니다. 적성검사 결과 회사원이 잘 어울린다고 해서 회사에 취직한 사람 중에 1년도 되지 않아 회사를 그만둔 사람도 있습니다. 회사에서 받는 스트레스가 너무 심해 원형탈모가 생기고, 각종 신경성 질환에 걸리는 사람도 있습니다. 적성검사 결과 교사가 적합하다고 나왔지만, 식당을 운영하면서 매우 행복하게 사는 사람도 있습니다.

사람들이 특기적성검사 결과와 다른 직업을 갖게 되는 이유는 무엇일까요? 직장 생활을 오랫동안 해본 어른들은 이렇게 이야기합니

다. '자기에게 맞는 일은 가장 먼저 손이 알고, 그 다음 몸이 안다.' 어떤 일을 해보면 유난히 손에 착 붙게 잘해내는 사람이 있고, 반면 서툴러 보이고 어색하게 일하는 사람이 있습니다. 이것이 손이 안다는 의미입니다. 직장생활을 하는데 원형탈모가 생기거나 신경성 질환에 시달린다는 것은 그 직업이 몸에 맞지 않다는 증거입니다. 이것이 몸이 안다는 뜻입니다.

▣ **직업 만족도 그래프**

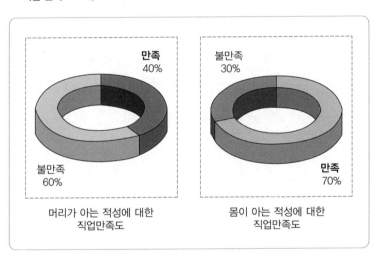

머리가 아는 적성에 대한
직업만족도

몸이 아는 적성에 대한
직업만족도

　　적성에 따른 직업 만족도를 보여주는 그래프를 보면, 머리로 아는 적성에 비해 몸이 아는 적성에 대한 만족도가 매우 높다는 것을 알 수 있습니다. 그렇다면 누구나 몸이 아는 적성에 적합한 직업을 구하면 되겠죠. 하지만 여기에 또 다른 걸림돌이 있습니다. 머리로 아는 적성은 적성검사나 독서 혹은 강연 같은 간접경험을 통해서 얼마든지 확인해볼 수 있습니다. 하지만 몸이 아는 적성은 오로지 직접 경험을 통해서만 확인할 수 있습니다.

자신의 적성을 찾기 위해서는 머리와 몸을 모두 사용하는 입체적인 전략이 필요합니다. 우선 머리가 아는 적성 분야를 찾아본 다음, 아르바이트나 인턴 혹은 체험단 등으로 직접경험을 반드시 해보는 것이 좋습니다. 선진국의 진로교육에서 가장 많이 사용하는 말이 바로 'Learning by Doing'입니다. 직접 경험해봐야 안다는 의미입니다. 진로 탐색에 있어서는 직접 경험하는 것만이 최선이고, 어른이 되어서 후회하지 않는 삶을 살 수 있는 유일한 방법이 됩니다. 청소년기에는 학교에서 진로에 대한 수업을 받거나 독서를 통해 간접체험을 많이 해보고, 대학에 진학하거나 성인이 된다면 직접체험을 위한 아르바이트나 인턴 생활을 해보는 것을 추천합니다.

06

돈 버는 것보다
더 중요한 일이 있을까요?

세상을 사는 데 돈이 전부는 아니라는 말도 있고,
현실은 돈이 지배하고 있다는 말도 있습니다.
진로를 결정할 때 어떤 주장을 참고로 해야 하나요?

세상에는 몇 가지 직업이 있을까요? 지금 우리나라에는 약 1만 개의 직업이 있다고 합니다. 생각보다 훨씬 많죠? 청소년들이 알고 있는 직업의 수는 20개 전후라고 하니 전체 직업에서 1%도 알지 못하는 것입니다. 그렇다면 이렇게 많은 직업이 있는데 어떤 기준으로 직업을 선택해야 할까요? 진정한 의미로 직업을 분류한다면 딱 3가지 종류의 직업이 있다고 할 수 있습니다.

첫 번째 직업은 '돈을 얻는 일'입니다. 우리가 알고 있는 대부분의 직업이 이 첫 번째 부류에 속합니다. 회사에 취직하거나 장사를 하는 것, 혹은 사업을 하거나 투자를 하는 것 모두 돈을 버는 일입니다. 돈을 버는 일은 생각보다 쉽게 시작할 수 있습니다. 당장 아르바이트를 할 수도 있고 트럭에서 과일 장사를 할 수도 있습니다. 그리고 성인이 되면 회사에 취업할 수도 있습니다.

두 번째 직업은 '명예를 얻는 일'입니다. 명예를 얻는 일은 대표적으로 예술가나 군인, 그리고 스포츠 선수들을 들 수 있습니다. 이 사람들은 돈보다 명예를 더 소중하게 생각하기도 합니다. 그런데 명예를 얻는 일을 하려면 상당히 오랜 시간 동안 자기의 전공 분야에서 노력하고 명성을 쌓아야 합니다. 그렇기 때문에 아무나 할 수 있는 일이 아닙니다. 자기 일을 사랑하고, 어렵더라도 포기하지 않는 사람들만이 이루어낼 수 있습니다. 아무나 할 수 없는 일인 만큼 사회적으로 인정받고 안정된 생활을 보장받기도 합니다.

세 번째 직업은 '사람을 얻는 일'입니다. 대표적으로 '선생님'은 사람을 얻는 일입니다. 한 사람, 한 사람 바르게 성장할 수 있게 도와주기 때문에 그 어떤 일보다 가치 있다고 할 수 있습니다. 또 '부모' 역시 사람을 얻는 일입니다. 부모를 직업이라고 할 수는 없지만 사람을 키워낸다는 점에서 비슷합니다. 사람을 얻는 일은 돈을 많이 벌거나 명예를 얻는 것과는 많이 다릅니다. 일에 대한 대가를 받지 못할 수도 있고 오랜 시간 노력을 해도 사람을 얻지 못하는 경우도 많습니다.

이 세 가지 종류의 직업을 표로 정리해보았습니다. 단지 이 표를 가지고 어떤 직업이 좋고, 나쁘다고 할 수는 없습니다. 본인의 적성이나 선호도에 따라서 원하는 직업과 분야를 선택하는 현명함이 필요합니다.

□ **직업의 종류와 장단점**

	돈을 얻는 직업	명예를 얻는 직업	사람을 얻는 직업
대표적인 직업	회사원, 자영업자, 사업가, 투자가	예술가, 연예인, 운동선수, 학자, 전문기술자	교사, 부모
장점 (기대할 수 있는 것)	• 비교적 어릴 때부터 손쉽게 시작할 수 있다.	• 명성을 쌓는다면 오랜 기간 동안 많은 돈을 벌 수 있다. • 일을 하지 않아도 돈을 벌 수 있다.	• 사람의 마음을 얻을 수 있다. • 평생 내 편이 되어줄 사람들이 많다.
단점 (기대할 수 없는 것)	• 돈을 벌 수 있는 기간이 짧다. • 일을 하지 않으면 돈을 벌 수 없다.	• 명성을 쌓을 때까지 시간이 많이 걸린다. • 명성을 쌓기가 매우 어렵다.	• 금전적인 보상이 적다. • 사람의 마음을 얻는데 기간이 많이 소요된다.

성공하지 못한 삶은 가치가 없나요?

사람들은 흔히 성공의 반대가 실패라고 생각합니다. 성공하지 못한 사람은 실패한 사람일까요? 아닙니다. 성공하지 못한 사람은 성공을 향해 가고 있는 사람이죠. 사실 성공의 반대말은 영원히 '포기'하는 것입니다.

마을 뒷간에는 아주 큰 아름드리나무가 있었습니다. 나무꾼은 이 나무를 쓰러뜨려야 올겨울을 따뜻하게 지낼 수 있습니다. 나무꾼은 날이 선 도끼를 가져와서 한 번 도끼질을 매우 세게 했는데도 그 큰 나무는 끄떡도 하지 않았습니다. 최고의 도끼를 가져온 나무꾼은 틀림없이 한 번에 나무를 베어낼 수 있을 거라고 기대했다가 매우 실망했습니다.

'있는 힘껏 휘둘러 도끼질을 했는데 끄떡도 않다니, 아무래도 이 나무는 안 될 것 같아.'

그리고 나무꾼은 두 번 다시 시도하지 않았습니다. 한두 번의 시도만으로 그 일이 잘 안 된다고 쉽게 포기해버리면 이 나무꾼과 같이 영원히 나무를 벨 수 없게 됩니다. 결국 나무꾼은 나무를 얻지 못해서 그 겨울을 춥게 지내야 했습니다.

옛 선조들은 오랜 기간 동안 비가 내리지 않거나 가뭄이 심하면 비가 오게 해달라는 의미에서 기우제(祈雨祭, a ritual for rain)를 지냈습니다. 기우제는 전 세계 공통의 풍속입니다. 특히 아메리카 인디언들의 기우제는 유명합니다. 인디언들이 기우제를 지내면 100% 비가 내린다고 합니다. 인디언들에게 초능력이 있어서가 아닙니다. 인디언들은 실제로 비가 내릴 때까지 쉬지 않고 기우제를 지내기 때문이라고 합니다.

일이나 공부도 마찬가지입니다. 아무리 계획이 훌륭하고, 좋은 도구를 사용한다고 하더라도 한 번에 성공할 수 있는 일은 많지 않습니다. 완벽하게 준비했다고 생각했지만 결과는 그렇지 않을 수도 있습니다.

실패했다고 해서 부끄러워하거나 실망할 필요는 없습니다. 실패는 다시 시작할 수 있는 전환점입니다. 성공할 때까지 꾸준히 도전하고 노력한다면 인디언의 기우제와 같이 성공 확률 100%가 됩니다.

게임을 하다가 캐릭터가 죽거나, 에너지가 모두 소진되면 화면에 'GAME OVER'라는 글자가 뜹니다. 아직 영어를 모르는 어린아이에게 물어보았습니다.

"게임오버가 무슨 뜻이야?"

"응, 그건 다시 시작하란 거야."

우리는 이 말을 꼭 기억해야 합니다. 'GAME OVER'란 끝났다는 것이 아니라, 다시 시작하란 말입니다. 계속 다시 시작한다면 언젠가는 그 게임을 클리어 할 수 있으니까요.

08

성공하고 싶다면
꼭 갖춰야 할 것들

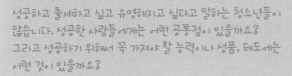

성공하고 출세하고 싶고 유명해지고 싶다고 말하는 청소년들이
많습니다. 성공한 사람들에게는 어떤 공통점이 있을까요?
그리고 성공하기 위해서 꼭 가져야 할 능력이나 성품, 태도에는
어떤 것이 있을까요?

"진영아, 너 커서 꼭 출세해야 한다."

"네! 당연하죠! 할머니, 그런데 출세가 뭐에요?"

진영이는 당연히 할 수 있다는 듯 고개를 끄덕이며 대답했지만, 막

상 '출세'라는 단어가 궁금해졌습니다. 성공처럼 좋은 느낌, 긍정

적인 느낌의 단어인지는 알겠지만, 정확한 뜻은 잘 몰랐기 때문입

니다.

"이 녀석아, 출세가 뭔지도 모르면서 지금껏 대답했던 거냐?"

할머니는 지긋이 웃으시면서 이야기를 이어가셨습니다.

"진영아, 돈을 많이 벌거나, 좋은 직장을 갖는다고 해서 출세한다

고 이야기하지는 않는단다. '이진영'이라는 네 이름을 세상에 널리

알리는 게 중요한 거야."

"이름을 알린다구요?"

진영이는 쉽게 이해가 가지 않았습니다.

"진영이 네가 알고 있는 유명한 사람들이 있지? 그런 사람들같이 남을 돕는 훌륭한 일을 해서 많은 사람들한테 이름이 알려지는 것이 출세란다. 그리고 출세했다고 하면 의사, 판사, 검사 같은 일을 하는 사람들을 이야기하는데 이 사람들이 돈을 많이 벌어서 출세했다고 하는 게 아니야. 이 직업들을 잘 생각해 보면 누군가를 도와주는 일이지 않니. 출세는 다른 누군가를 돕는 일을 해서 사람들에게 명성과 명예를 얻고 이름을 알리는 거란다. 진영이도 어려운 사람을 돕는 훌륭한 일을 했으면 좋겠다는 게 이 할머니의 생각이야."

출세는 돈을 많이 벌어야 한다고 생각하지만, 사실 타인을 돕는 직업을 뜻합니다. 윤리적, 도덕적으로 타인을 돕는 훌륭한 일을 하여, 그 대가로 돈을 많이 받는 것입니다. 원인과 결과를 혼동해서는 안 됩니다.

하버드 대학교, 예일 대학교, 펜실베이니아 대학교, 코넬 대학교, 컬럼비아 대학교, 브라운 대학교, 프린스턴 대학교, 다트머스 대학교는 미국에서 가장 유명한 대학교로 이 8개 학교를 일컬어 아이비리그 대학이라고도 합니다. 이 대학교들은 미국 최고의 명문학교로 통하며 미국인들 중에서도 사회지도층이 다니는 대학교로도 유명합니다. 그런데 특이한 점은 이 학교들은 입학정원의 약 30% 정도를 가난하고 못사는 나라의 외국 학생들에게 개방하고 있다는 점입니다. 여기에 해당하는 나라들은 대부분 아시아, 남미, 아프리카의 나라들입니다. 학교에서는 이 학생들에게 다음과 같은 내용을 지속적으로 주입시킨다고 합니다. '아이비리그의 학교는 세계 최고의 국가인 미국을 만들어낸 자랑스러운 대학교들이다. 여러분도 이곳에서 세계 최고 수준의 좋은 교육을 받고 졸업한 다음, 고향으로 되돌아가서 여러분의 나라를 지금보다 더 훌륭한 나라로 발전시켜라.' 우리는 자기 혼자만 잘살기 위해서 공부를 한다고 생각합니다. 하지만 공부를 하는 이유는 결국 다른 사람을 더 많이 도와주기 위해서라는 점을 잊지 말아야 합니다.

우리는 훌륭한 일을 하는 사람들을 '스타'라고 부릅니다. 최근에는 TV에 나오는 연예인들을 스타라고 하지요, 그런데 훌륭한 일을 하는 사람을 왜 스타라고 할까요? 그 기원은 아주 오래 전 과거로부터 시작됩니다. 지도도 없고 GPS는 물론 나침반도 존재하지 않았던 옛날, 사람들은 먼 곳으로 여행을 떠날 때, 별자리를 이용했다고 합니다. 특히 밤하늘에서 가장 밝게 빛나는 북극성을 이용해 방향을 찾았습니다. 사람들은 북극성을 나침반 삼아 밤에도 길을 잃지 않고 여행을 할 수 있었습니다. 여행하는 사람들에게 '별'은 내가 가야 할 길과 방향을 알려주는 아주 소중한 존재였습니다. 그래서 내가 방향을 잃지 않고 바르게 갈 수 있도록 도와주는 역할을 하는 사람들을 '스타'라고 부르기 시작한 것입니다. 출세 역시 마찬가지입니다. 나 혼자 성공하는 것이 아니라 다른 누군가의 본보기가 되고 그들이 방향을 잃지 않도록 도움을 주는 스타가 되는 것이 출세의 진정한 의미라 합니다. 여러분도 출세하여 다른 누군가의 스타가 될 수 있기를 희망합니다.

09

긍정적 마인드가
꿈을 이루어줄까요?

명언집이나 자기개발에 대한 책을 보면 유난히 '긍정적'이란 말이 많이 나옵니다. 긍정적인 생각에 무슨 초능력이라도 있는 걸까요? 왜 사람들은 긍정적이라는 단어에 이렇게 열광할까요?

연재랑 수정이는 친한 친구입니다. 그런데 어느 날, 수정이가 연신 싱글벙글 입니다. 연재가 수정이에게 물어보았습니다.

"수정아, 뭐 좋은 일 있니?"

수정이가 잠깐 생각하더니 대답했습니다.

"사실 나 요즘, 성적 때문에 우울했었거든, 너도 알 거야. '왜 나는 성적이 안 오를까, 나는 이것밖에 안 되는 사람인가'라는 생각을 많이 했었지."

사실 수정이는 모든 생각을 부정적으로 하는 버릇이 있었습니다. 안 좋은 일이 생기면 모두 자기 탓이라고 생각했던 것입니다. 수정이의 말을 듣고 연재가 어리둥절해 하며 물어보았습니다.

"그런데 어떻게 표정이 그렇게 밝아진 건데?"

"응, 축 처져 있는 내 모습을 보고 소영이가 충고를 해줬어. 긍정의 힘! 소영이의 말을 듣고 그냥 한번 생각을 바꿔보려고 노력하기 시작했어."

연재는 점점 더 궁금해져서 수정이에게 물어보았습니다.

"어떻게 긍정적인 생각으로 바꿨는데?"

"성적은 언제든 오를 수 있다고 생각한 거지. 나를 믿어보기로 한 거야. 그랬더니 마음이 가벼워지더라. 내가 원하는 것이 다 이루어 졌을 때의 모습을 상상하니까 에너지도 넘치고, 의욕도 막 생기더라고."

수정이는 이 말을 하면서도 행복한 표정을 지었습니다. 긍정적인 생각을 가지니 마음도 편하고, 친구가 변화된 모습을 알아주니 기분이 좋았습니다. 연재는 수정이의 말을 듣고 긍정의 힘이 정말 크다고 느꼈습니다.

누구에게나 힘들고 지칠 때가 있습니다. 보통 사람들은 그럴 때마다 부정적인 생각을 합니다. 하지만 모든 것은 마음먹기에 달려 있습니다. 모든 주변 상황들을 긍정적으로 받아들여 보세요. 긍정적인 생각은 내가 생각하고 있는 것보다 더 큰 힘을 가지고 있습니다. 긍정적인 생각으로 불치병이 나았다는 사람도 있고, 긍정적인 생활 습관에 힘입어 사업에 성공한 기업가도 있고 어려운 시험에 합격한 사람도 있습니다. 반면 부정적인 생각이나 말을 입에 달고 사는 사람들은 현실도 부정적인 경우가 많습니다. 자신이 꿈꾸던 삶과는 전혀 다른 삶을 살게 되는 것입니다.

　사실 우리에게는 과거보다 현재가 더 중요합니다. 과거는 다 지나간 일이고 다시 돌이킬 수 없는 일이기에 과거에 얽매일 필요가 없습니다. 내 삶은 수많은 '현재'가 모여서 만들어지는 것이기 때문에 항상 긍정적인 마음으로 현재를 살아간다면 충분히 여러분이 이루고자 하는 꿈을 이룰 수 있을 것입니다.

3장

점점 자신감이
없어져요

당당한 자존감 회복 프로젝트

〈나의 자신감 지수 알아보기〉

1단계

나의 자신감은 어느 정도인가요?　_____점

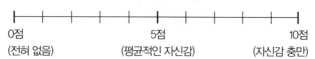

0점　　　　　　　　　5점　　　　　　　　10점
(전혀 없음)　　　　(평균적인 자신감)　　(자신감 충만)

2단계

아래 질문에서 해당하는 항목에 체크해주세요.

		체크
1	자신감을 회복하는 나만의 노하우가 있다.	☐
2	평소 어른들한테 예의 바르다는 이야기를 자주 듣는다.	☐
3	똑똑한 사람보다 현명한 사람을 더 좋아한다.	☐
4	대화할 때 다른 사람의 이야기를 잘 들어준다.	☐
5	내가 유난히 소중하게 생각하는 물건이 있다.	☐

합계 _____개

3단계

(1단계의 점수) ___점 × (2단계의 체크 개수) ___개 = (나의 자신감 지수) ___점

자신감 지수	특징 및 해설
41~50점	자신감이 충분한 상태입니다. 너무 과도한 자신감은 타인에게 피해를 줄 수도 있으니 적절하게 관리하는 지혜가 필요합니다.
25~40점	평균 이상의 자신감을 가지고 생활을 하고 있습니다. 조금 더 여유롭게 생각하고, 상대방을 배려한다면 본인의 자신감이 더욱 향상될 것입니다.
13~24점	일반적인 사람들이 가지고 있는 자신감과 비슷한 수준입니다. 예의 바른 행동을 습관화 한다면 자신감 지수를 높일 수 있습니다.
0~12점	자신감을 회복할 수 있는 기회가 필요합니다. 좋아하는 것을 찾는다면 자신감 지수는 순식간에 상승할 것입니다.

쪼그라든 자신감을
회복할 수 있을까요?

01

자신감 있는 사람이 되고 싶나요? 자신감은 스스로 나 자신을
믿어주는 것에서 나오는 힘이에요. 나 자신의 가능성과 잠재력을
믿어주는 순간 마법과 같은 엄청난 힘이 나에게 생길 거예요.

진희는 공부를 잘하지 못합니다. 학교 성적도 좋지 않습니다. 때로
는 이런 자신의 모습이 부끄럽게 느껴질 때도 많습니다. 그렇지만
진희가 좋아하는 것을 할 때는 눈빛이 달라집니다. 진희는 그림 그
리기를 좋아합니다. 하지만 처음부터 그림에 관심이 있었던 것은
아니었습니다. 오히려 중학교 1학년 때까지는 그림 그리는 것을
싫어했습니다. 그런데 중학교 미술 수업을 받다가, 새로운 관심거
리를 찾았습니다.

미술 시간, 친구들은 모두 그림을 완성하고 있는데 진희는 아직 흰
종이 그대로입니다. 진희의 머릿속에는 어떤 것을 그려야 할지 그
림이 있는데, 밑그림을 그릴 자신이 없어 손도 대지 못하고 있었던

것입니다. 미술선생님께서 지나가시다 이런 진희의 모습을 보았습니다.

"진희야, 왜 그림을 못 그리고 있니?"

"쌤, 밑그림을 못 그리겠어요. 뭘 그릴지는 생각해 놓았는데. 어떡하죠?"

"그래? 그럼 밑그림 없이 그냥 머릿속에 떠오르는 대로 그려보는 건 어떨까?"

"그러다 망치면요?"

"미술 시간은 그렇게 하라고 있는 시간이야. 그림은 수학이나 과학처럼 정답이 있는 게 아니잖니."

진희는 붓을 들고 머릿속에 있는 것들을 그리기 시작했습니다. 처음에는 어설퍼 보였지만, 나름대로 볼만한 그림이 완성되어 갔습니다. 점점 자신감이 생기는 듯했습니다. 미술선생님도 진희의 그림을 보시더니 흐뭇하게 웃으셨습니다. 진희는 마지막까지 최선을 다해서 그림을 완성했습니다.

"우와! 그림 멋지구나. 색감이 참 좋아. 밑그림 없이도 이렇게 멋진 그림을 완성하다니, 우리 진희 정말 대단하다!"

진희는 날아갈 듯했습니다. 당시 미술선생님의 칭찬 한마디가 진희의 재능을 발견하게 해주었습니다. 그 후 그림에 관심을 두고 공부를 계속하던 진희는 유명한 대학의 응용미술학과에 무난히 합격할 수 있었습니다.

사람들은 자신이 좋아하는 일을 할 때, 집중력을 최대한 발휘할 수 있다고 합니다. 반면 싫어하는 일을 하면 지루함을 느낍니다. 좋아하는 일을 하면 1시간이 10분처럼 느껴지고, 싫어하는 일을 하면 10분이 1시간처럼 느껴지는 이유도 이와 같습니다. 이렇게 좋아하는 일을 하면서 느끼는 감정들은 자신감의 근원이 되기도 합니다. 자신감은 웅변을 배우거나 목소리를 크게 낸다고 해서 키워지는 것이 아닙니다. 내가 잘하는 것, 그리고 인정받을 수 있는 것이 확실하게 존재한다면 나도 모르게 자신감이 생깁니다. 자신감이 있는 사람은 걷는 모습이 힘 있고, 목소리도 또렷해집니다.

　자신감의 차이는 실패를 받아들이는 자세에서 가장 확실하게 나타납니다. 자신감이 부족하다면 실패에 대한 두려움을 많이 느낍니다. 실패하면 안 된다는 강박적인 생각을 하게 되는 것입니다. 조급증이나 집착 같은 증상도 이런 강박적인 생각에서 비롯됩니다. 반면 자신감이 강할 경우 실패에 대한 두려움이 없습니다. 실패해도 얼마든지 다시 도전할 수 있다고 생각하기 때문입니다. 성공하는 것의 반대말은 실패가 아니라 포기라고 합니다. 인생에서 진정한 성공을 맛보려면 실패해도 다시 도전하는 자세가 필수적입니다.

내가 좋아하는 것이 무엇인지 생각해보자
내가 좋아하는 것이 무엇인지 알고 있나요? 잘 모르는 경우가 많습니다. 곰곰이 생각해보세요. 내가 좋아하고 관심을 가진 것들을 찾아낸다면 첫 단추를 잘 꿴 것입니다.

끈기를 가지고 열심히 하자
좋아하는 걸 찾았다면 끈기 있게 계속 도전해보세요. 여러 번 해보면 내가 잘하는 부분을 찾을 수 있습니다.

실패했을 때 포기하지 말자
원하는 결과가 나오지 않았다고 해서 쉽게 포기하지 마세요. 나를 믿고 다시 도전할 때 그 에너지까지 자신의 것이 됩니다. 단 한 번에 성공할 수 있다는 환상에서 벗어나야 합니다.

어른들에게
칭찬 받고 싶어요

열심히 공부하거나 일을 했는데도 어른들에게 좋지 못한 평가를
받을 때가 있습니다. 칭찬을 바라고 한 행동이 아니더라도 기분이
좋을 리 없습니다. 어른들에게 칭찬을 자주 받으려면
어떻게 행동해야 할까요?

수지는 어머니와 함께 버스를 탔습니다. 만원 버스라서 앉을 자리
가 없었는데, 수지 앞에 자리가 났습니다. 수지가 어머니에게 자리
에 앉으시라고 권하자 뒤에서 지켜보던 할머니께서 칭찬을 해주
셨습니다.

"아이고, 예쁘기도 하지. 자기도 다리가 아플 텐데 엄마 먼저 자리
에 앉으라고 하고. 참 착하다."

수지는 당연한 일을 한 건데 칭찬을 받으니 머쓱하기도 했지만 기
분이 나쁘지 않았습니다.

학교 앞 떡볶이 집에 손님들이 들어왔습니다. 첫 번째 손님은 웃으
며 인사하고 공손한 말투로 떡볶이를 주문했습니다. 포장된 떡볶

이를 받자 주인아주머니에게 돈을 두 손으로 드리고 감사의 인사를 하고 떠났습니다. 다음 손님은 퉁명스러운 말투로 떡볶이를 주문하고는 한 손으로 값을 치르고 떡볶이 봉투를 휙 가로채듯이 가져갑니다. 주인아주머니 입장에서는 어떤 손님이 더 반갑고 고마웠을까요? 그리고 어떤 손님에게 서비스를 더 해줄까요? 당연히 인사를 잘하고 공손한 태도를 보였던 손님에게 마음이 더 가기 마련입니다.

선희가 아파트 엘리베이터를 타려고 하는데 어떤 아주머니가 유모차를 밀면서 들어오셨습니다. 선희는 열림 버튼을 눌러서 유모차가 엘리베이터 안으로 안전하게 들어올 수 있도록 했습니다. 아주머니께서 고맙다며 웃어주셨습니다. 다음 주, 어머니가 반상회에 다녀오시더니 그 아주머니께서 선희가 예의 바르다며 칭찬해주셨다고 합니다. 선희가 동네에서 예의 바른 학생으로 유명해졌다고 어머니께서도 좋아하셨습니다.

"넌 예의도 없니?"

흔히 버릇없는 행동을 하는 사람들에게 이렇게 말합니다. 그렇다면 어떤 행동을 하는 사람들에게 예의 없다는 표현을 사용할까요? 공공장소에서 큰 소리로 통화하거나, 길에 함부로 침을 뱉는 경우 혹은 실수로 다른 사람의 발을 밟고도 미안하다는 말도 없이 그냥 지나가버리는 경우입니다. 청소년들은 아무렇지도 않게 하는 행동인데 어른들은 눈살을 찌푸리는 경우도 있습니다. 누군가와 대화할 때 집중하지 않고 스마트폰으로 메시지를 보낸다거나, 주머니에 손을 넣고 다니는 모습 그리고 버스에서 큰 소리로 떠드는 경우가 바로 그것입니다. 어른들은 왜 이렇게 까다로운 걸까요? 사실 어른들과 우리들은 성장 배경이 다릅니다. 어른들은 농경 사회나 산업화 사회에서 어린 시절을 보냈기 때문에 위계질서나 서열 그리고 공동체 의식을 무엇보다도 중요하게 생각합니다. 과거 사회에서는 능력과 실력보다 예의와 질서가 무엇보다 중요했기 때문이죠. 이런 점을 잘 생각해 본다면 어른들에게 칭찬을 받을 수 있는 힌트를 얻을 수 있습니다. 예의 바른 행동을 한다면 칭찬뿐만 아니라 사회적으로 다양한 대접을 받을 수 있습니다.

예의는 사람과 사람 사이에서 기본적으로 지켜야 하는 행동입니다. 나의 작은 행동 하나가 다른 사람들을 기분 좋게 해줄 수도 있고, 반대로 기분 나쁘게 할 수도 있습니다. 다른 사람들을 배려하는 행동이 몸에 익으면 누구에게나 '예의 바르다'고 칭찬 받을 수 있습니다. 실제로 어른들은 공부만 잘하는 학습 우등생보다 예의 바른 예절 우등생을 더 좋아한답니다.

1. 돈을 전달할 때는 접힌 부분을 모두 펴주세요

- 가게에서 물건을 사거나 다른 사람에게 돈을 전달할 경우, 돈은 반듯하게 펴서 주는 것이 예의랍니다.
- 수강료나 수업료같이 지폐를 어른들에게 드릴 때는 반드시 봉투에 넣어서 드립니다.
- 상대방의 나이와 직업에 상관없이, 돈은 항상 두 손으로 전달합니다.

2. 물건의 손잡이가 상대방을 향하도록 하세요

- 커터 칼이나 가위, 송곳 등 위험한 물건을 다른 사람에게 전달할 때에는 상대방이 손잡이를 잡을 수 있도록 합니다.
- 별도로 손잡이가 없다면 가장 안전한 부분을 상대방이 잡을 수 있도록 해주세요.

3. 카드나 책은 글자가 상대방에게 바로 보이도록 전해주세요

- 편지를 전해주거나, 책을 건네줄 때에는 글자가 상대방을 향하게 합니다.
- 명함이나 초대장의 경우에도, 상대방이 바로 글자를 읽을 수 있는 방향으로 전해 드립니다.

명품 가진
친구가 부러워요

우리는 흔히 비싸고 이름이 알려진 물건을 명품이라고 생각합니다. 그런데 이것은 잘못된 생각입니다. 진짜 명품이란 어떤 것일까요? 그리고 어떻게 해야 진짜 명품과 가짜 명품을 구별할 수 있을까요?

동현이는 요즘 보기 힘든 고풍스러운 시계를 차고 있었습니다. 민수는 동현이의 시계가 멋있어 보였습니다.

"야, 그 시계 진짜 멋있다. 그거 무슨 브랜드야?"

"이건 우리 할아버지가 쓰시던 거야."

"진짜? 엄청 오래된 거네. 근데 옛날 거 같이 안 보여. 멋지다."

"우리 할아버지가 아버지에게 주신 거래, 아버지가 이번에 나 고등학교 입학할 때 물려주신 거고. 아버지가 많이 아끼던 거라 깨끗하고 소중하게 사용하셨대. 처음에는 옛날 시계라서 좀 창피했는데, 요즘에는 점점 멋있어 보이더라고. 완전 레어 아이템(rare item)이잖아. 그리고 할아버지 생각도 많이 나고, 꼭 할아버지가 지켜주고 있는 그런 느낌이야."

"너 소설 쓰냐? 하긴 요즘엔 다들 쉽게 쓰고 망가지면 버리는데, 너희 아빠도 대단하시다. 그런 할아버지와 아버지를 둔 너도 부럽고."

"그래서 나도 고장나지 않게 아껴서 쓰려고. 혹시 고장나면 나도 고쳐서 쓸 거야."

"우리 집에는 그런 시계 없나? 나도 아버지한테 물어봐야겠다."

'명품(名品)'이라고 하면 비싼 브랜드나 구입하기 어려운 외국 제품을 생각하기 쉽습니다. 신상품을 사기 위해 아르바이트를 하거나, 심지어 전에 샀던 물건을 중고로 팔아 돈을 마련하기도 한다고 합니다. 그런데 해외에서는 명품에 대한 생각이 다르다고 합니다. 오랫동안 사용할 수 있도록 튼튼하게 만들어진 제품이나 각별한 사연이 담겨 있는 것이 많습니다.

가격이 비싸거나 구하기 힘들다는 이유로 명품이라고 부르지는 않습니다. 그리고 단순히 브랜드의 이름이 많이 알려져 있거나, 디자이너가 유명하다고 해서도 명품이라고 하지 않습니다. 특히 영국이나 일본에서는 자녀들에게 물려줄 만큼 튼튼하고 품질이 좋은 제품을 명품으로 인정한다고 합니다. 그래서 외국 사람들은 명품을 구입해서 소중하고 깨끗하게 사용하고, 나중에 자녀에게 물려줍니다. 영화에서도 이런 장면을 자주 볼 수 있습니다. 할머니, 어머니가 사용하던 가방을 물려받는 딸, 할아버지나 아버지에게 시계나 만년필을 물려받는 아들의 모습은 감동적입니다.

옛 어른들은 이런 이야기를 자주 하십니다. '바느질은 감나무집 아주머니가 잘하지.' 혹은 '도자기 하면 산자락 밑 할아버지께서 만드신 게 최고지.' 이렇게 각 분야에서 믿고 사용할 수 있는 물건들을 명품이라고 불렀습니다. 가격이 비싸서가 아니라, 장인들의 정성과 꼼꼼한 손길이 묻어 있어서 그렇습니다. 명품을 영어로 풀어보면 그 뜻을 더 정확히 알 수 있습니다. 장인들의 영혼이 담긴 물건은 masterwork(장인의 작품)이고, 가격만 비싼 제품은 luxury item(사치품)이라고 표현합니다.

진정한 물건의 가치는 브랜드brand가 아니라 스토리story에서 나옵니다. 나에게 그 물건이 가지는 의미, 그리고 그 물건에 깃든 추억과 사연들이 주는 가치가 그 물건의 진정한 가치를 결정하는 것입니다. 아무리 내게 소중하고 추억이 깃든 물건이라도 함부로 다룬다면 가치 있는 물건이라고 할 수 없겠죠. 나에게 가치 있는 물건일수록, 아끼고 소중하게 다루며 고장이 나면 고치거나 수리해서 사용하는 모습이 주인의 품격을 보여줍니다. 이 세상에 하나뿐인 추억을 가지고 있는 물건. 그리고 그 물건의 가치를 인정해주는 우리들의 자세를 통틀어 명품이라고 하는 것입니다.

명품의 뜻을 정확히 이해했다면 나만의 명품을 만들어보는 것도 가능합니다. 나에게 특별한 사연이 담긴 물건을 찾아보세요. 입학 선물로 받은 시계도 좋고, 특별한 의미로 받은 친구의 선물도 좋습니다.

나와 소중한 사람들 사이의 추억이 담겨 있다면 무엇이든 명품이 될 수 있습니다. 이제 그 물건을 소중하게 아껴서 사용하고 혹 고장이 나거나 망가지면 다시 고쳐서 사용하는 습관을 들이면 나만의 명품이 탄생하는 것입니다.

존경받는 사람은
어떤 사람일까요?

여러분은 똑똑한 사람과 현명한 사람 중에서 어떤 사람이
되고 싶나요? 이 두 가지는 모두 다른 의미와 가치를 가지고
있습니다. 그렇다면 사람들에게 존경받는 사람은 어떤 사람일까요?

현욱이는 고민이 많습니다. 현욱이를 장난삼아 괴롭히는 동민이

때문입니다. 동민이는 계속 장난을 치며 현욱이를 못살게 굽니다.

그렇다고 동민이가 악의적으로 폭력을 가하는 것은 아닙니다. 그

렇지만 동민이의 이런 행동이 현욱이에게는 큰 스트레스입니다.

그래서 현욱이는 주위 친구들에게 도움을 청했습니다.

"천호야, 동민이 때문에 짜증난다. 어떻게 하면 좋을까?"

"그래? 그럴 때는 다시는 못 건드리게 무서운 맛을 보여줘야지. 너

를 괴롭히는 것보다 더 심하게 동민이를 괴롭히면 돼. 그러면 다시

는 너를 못 괴롭힐 거야. 기억해라! 눈에는 눈, 이에는 이!"

현욱이는 천호의 해결책이 멋있어 보이기는 했지만 그렇게 하고

싶지는 않았습니다. 그렇게 하면 자신도 동민이와 같은 사람이 되

는 것 같았기 때문입니다. 그래서 이번에는 현수에게 물어보았습니다.

"현수야, 나 요즘 동민이 때문에 스트레스 받는 거 알지?"

"어! 걔 진짜 왜 그러는지 모르겠더라."

"똑같이 해줄 수도 있지만, 뭐 좀 다른 방법 없을까? 너의 지혜를 빌려주라. 넌 책도 많이 읽잖아."

"이게 책하고 뭔 상관이야?"

"그래도 생각 좀 해봐."

"하긴 나도 전에 동민이 장난 때문에 스트레스 많이 받아봐서 네 심정 안다. 동민이가 또 그러면 그냥 반응을 하지 말아봐. 네가 반응하는 게 재미있어서 그럴 수도 있어. 나 같은 경우는 반응을 안 하니까 금방 포기해버리던데?"

현수의 대답을 듣고 현욱이는 잠시 고민했습니다.

'그래. 반응을 하지 않으면 멈출 수도 있겠지. 그런데 동민이가 무시 받는 느낌이 들지는 않을까?'

'이 방법도 썩 내키지 않았습니다. 현욱이는 마지막으로는 영진이를 찾아갔습니다.

"나, 동민이 장난 때문에 힘들어 죽겠다. 넌 동민이랑 초등학교 때부터 친구였잖아. 무슨 비법 같은 거 없냐?"

"넌 동민이가 왜 그러는지 아니?"

"내가 그걸 왜 알아야 해? 내 스트레스로도 머리가 터질 것 같은데."

"동민이 어머니가 아프셔서 몇 년 동안 계속 병원에 입원해 계셔. 아버지는 지방 공사장에서 일하시고. 그래서 집에 아무도 없나봐. 아마 외로워서 그러는 거 아닐까?"

"뭐어?"

"내 생각에는 동민이가 너랑 놀고 싶어서 장난치는 거 같아. 동민이 얘기 좀 들어주고 그러면 장난치지 않을 거야. 원래 그런 아이 아니었거든."

영진이의 대답에 현욱이는 많은 생각을 하게 되었습니다. 그리고 결국 동민이와 좋은 친구가 될 수 있었습니다.

문제를 해결하는 방법에는 여러 가지가 있습니다. 그 많은 방법들 중 가장 현명한 방법은 무엇일까요? 인터넷이나 모바일을 통해서 실시간으로 다양한 해결 방법들과 지식들을 찾을 수 있습니다. 하지만 그 방법들이 모두 좋은 결과를 가져오는 것은 아닙니다.

최선의 해결 방법은 피해 보는 사람 없이 모두가 만족하는 것입니다. 하지만 현실적으로 그와 같은 해결책을 찾기는 어렵습니다. 그래서 대부분의 사람들은 그냥 편하게 해결할 수 있는 방법을 선택해 버립니다. 피해를 보는 사람이 생기더라도 더 빠르고 편리하다는 이유에서 말이죠.

사회에서는 이런 판단을 하는 사람들을 '똑똑한smart 사람'이라고 합니다. 하지만 항상 이런 방식으로 문제를 해결하다 보면 언젠가는 내가 그 피해자가 될 수 있다는 사실을 명심해야 합니다. 반면 조금은 시간이 많이 걸리지만 모두가 만족할 수 있는 결론이나 해결 방안을 제시해주는 사람들이 있습니다. 우리는 그들을 '현명한wise 사람'이라고 부릅니다. 똑똑한 사람은 인정받지만 존경받지 못하고, 현명한 사람은 많은 사람들에게 마음으로부터 존경을 받습니다.

05

인기 많은 사람이
되고 싶어요

관심 받고 싶다고 투정부리고 때를 쓰며 어린아이처럼
행동하는 친구들이 있습니다. 이렇게 행동하다가는 오히려
'관심병'이라고 손가락질 받기 십상입니다. 누군가에게 관심을
받고 싶다면 어떻게 해야 할까요?

경준이는 질투가 심합니다. 반에서 누군가 선생님께 칭찬을 받으면, 괜히 그 친구에 대해서 트집을 잡거나 싸움을 걸기도 합니다. 그런데 선생님이 경준이를 칭찬하면 오히려 부끄러워하거나 창피해 하며 말 한마디도 못합니다. 이렇게 질투가 심하고 관심을 갈구하는 사람들은 칭찬이나 관심을 받아 본 경험이 거의 없다는 공통점을 갖고 있습니다.

희진이는 반에서 가장 인기가 많습니다. 모든 아이들이 희진이를 좋아하고 희진이 의견을 잘 따릅니다. 희진이가 공부를 특별히 잘하거나, 외모가 뛰어난 것도 아닙니다. 그런데 희진이에겐 특별한 점이 있습니다. 희진이는 항상 친구들을 잘 챙깁니다. 누군가에게

좋은 일이 생기면 같이 기뻐해 주고, 억울한 일을 당하는 사람이 있다면 희진이가 앞장서서 해결해주기도 합니다. 그래서 반 친구들 모두가 희진이를 좋아하는 것입니다.

'人(사람 인)'이라는 한자는 두 명의 사람이 기댄 모습에서 나왔다고 합니다. 사람은 서로 기대어 살아가는 존재라고도 하죠. 그만큼 우리들은 다른 사람과의 관계를 매우 중요하게 생각합니다. 누군가가 나를 불러주고, 찾아줄 때 기쁨을 느끼기도 합니다. 이렇게 서로의 마음과 마음을 이어주는 것이 관심입니다.

그런데 가끔 이 관심을 제대로 표현하지 못하는 사람들이 있습니다. 경준이 같은 경우입니다. 경준이는 다른 사람에게 관심이 집중되는 것을 못마땅하게 생각하고 질투를 느낍니다. 사실은 자신이 관심을

받고 싶기 때문입니다. 그런데 그 마음을 제대로 표현하지 못해서, 다른 사람이 관심을 받을 때에 트집을 잡아 그 관심을 깨뜨리는 것입니다. 그런데 이런 행동을 하는 경준이를 좋아할 사람이 과연 있을까요?

반면 희진이는 항상 다른 사람에게 먼저 관심을 가져 주는 사람입니다. 누군가 속상한 일이 있는 건 아닌지, 무슨 특별한 소식은 없는지 궁금해 하면서 관심을 표현하는 것입니다. 사람들은 자신에게 관심을 표하는 사람을 좋아하고, 그에 보답하기 위해 관심을 되돌려주기도 합니다. 희진이가 인기 있는 이유는 친구들에게 관심을 먼저 주기 때문입니다. 관심을 받고자 한다면 먼저 관심을 베풀면 됩니다.

TIP 관심을 표현하는 바른 방법

1. 잘 살펴라
관심의 제1단계는 다른 사람을 잘 살피는 것입니다. 얼굴 표정이나 그날의 분위기, 말투나 행동을 보면 친구의 마음 상태가 드러납니다. 말로 물어보기 전에 친구의 마음 상태가 어떤지 잘 살펴보세요.

2. 질문하라
잘 살펴보았다면 이제 질문이 필요한 순간입니다. 혹시 무슨 일이 있는 것은 아닌지, 지금 감정이 어떤지 친절한 어투로 물어보세요.

3. 들어주어라
질문을 했다면 반응이 있을 것입니다. 그러면 그 사람의 이야기를 잘 들어주면 됩니다. 어떤 해결책을 말해주어야 하는 것이 아닙니다. 그냥 들어주고, 같이 있어주면 충분합니다.

고집 부리다가
친구와 멀어졌어요

자기주장만 하고 남의 말은 듣지 않는 친구들을 좋아할 수는 없습니다. 속 좁은 루저가 아닌 멋진 위너로 살고 싶다면 나의 어떤 태도와 행동을 바꿔야 할까요?

성희와 혜진이가 함께 박물관에 갔습니다. 성희는 유물을 좋아하고, 혜진이는 미술품에 관심이 많습니다. 그래서 서로 자기가 관심 있어 하는 것을 먼저 보겠다고 하다가 다툼이 일어났습니다.

"박물관에 오면 유물을 먼저 봐야지. 미술품은 미술관 가서 봐도 되잖아."

"야, 나는 저런 깨진 그릇들 봐도 뭐가 좋은지 모르겠어. 봤을 때 예쁘고 아름다운 것들이 좋지. 저쪽으로 가면 교과서에 나온 미술품도 많아."

"뭐? 깨진 그릇이라니! 이건 말 그대로 역사라고. 그림이나 미술품은 책에서도 많이 봤잖아. 먼저 유물부터 보자!"

"난 재미없다니까! 난 내가 좋아하는 거 보러 갈 거야!"

성희와 혜진이는 결국 다투고 말았습니다.

　서로 자기주장만 하던 성희와 혜진이는 이렇게 사소한 일로 친구 사이에 금이 가고 말았습니다. 만약 두 사람 중 한 명이 양보하고 상대방의 의견을 들어주었다면, 아무 문제가 없었을 것입니다. 내 생각만 옳고 상대방의 의견은 무시해도 된다는 태도는 이기적입니다. 이런 이기적인 행동은 결국 친구를 쫓아버리는 결과를 가져올 수 있습니다.

　그런데 이기적인 행동을 자주 하는 사람들은 대부분 자존감이 약하고 의지도 박약한 루저(loser, 만성적 패배주의자)라고 할 수 있습니다. 진정한 위너(winner, 자존감 높고 여유로운 사람)는 자신의 주장을 펼칠 때도 상대방의 행동과 태도, 감정에 관심을 갖습니다. 상대방이 원하는 것이 무엇인지 많은 생각을 하고, 상대방을 위해 양보하기도 합니다.

> "자, 오늘은 우리 반 급훈을 정할 거예요. 앞으로 1년 동안 우리 반을 이끌어갈 급훈으로 뭐가 좋을까요?"
>
> 학기 초, 급훈을 정하기 위한 학급 회의가 시작되었습니다. 몇몇 아이들이 의견을 제시했습니다.
>
> "저는 '사이좋게 지내자'로 하고 싶습니다. 우리 반 친구 모두가 1년 동안 사이좋게 지내자는 의미에서 이 급훈을 추천합니다."
>
> "저는 '바른 사람이 되자'로 하고 싶습니다. 우리 반 아이들이 모두 바른 생각을 가지고 멋진 사람이 되었으면 좋겠습니다."
>
> 장난삼아 유머러스한 급훈을 제시한 친구들도 있었지만 최종적

으로 이 두 가지가 후보가 되었습니다. 반 친구들이 손을 들어 투표했습니다. '사이좋게 지내자'는 29표, '바른 사람이 되자'는 6표가 나왔습니다. 자연스럽게 '사이좋게 지내자'는 의견이 급훈으로 정해지게 되었습니다.

"사이좋게 지내자는 표가 더 많이 나왔습니다. '바른 사람이 되자'는 의견을 내주었던 친구는 동의하나요?"

"네, 다른 친구들 의견이 그러니 저도 당연히 따르겠습니다."

"그럼 우리 반 급훈은 '사이좋게 지내자'로 결정되었습니다."

　　보통 회의나 토론을 할 경우 자신의 주장이 채택되지 않았다고 화를 내거나 무조건 무효를 외치는 사람들이 있습니다. 학급 회의뿐만 아니라 어른들의 사회도 마찬가지입니다. 그런데 이렇게 자신의 주장이 관철되지 않았다고 행패를 부리는 행동은 정당화될 수 없습니다. 상대방의 주장이나 의견을 듣고 너그럽게 이해해줄 수 있는 자세를 가진 사람이 진정 멋진 사람입니다.

1. 잘 들어주어라

내 의견만큼 상대방의 의견도 중요합니다. 상대방이 왜 그렇게 생각하는지 귀 기울여 들어주세요. 자신의 이야기를 잘 들어주는 사람을 싫어하는 사람은 없습니다.

2. 차분하게 말하라

자신의 생각을 말할 때에는 흥분한 상태에서 큰 목소리로 하지 마세요. 차분한 목소리로 말하면 자신의 생각도 정리되고, 상대방에게도 정확하게 전달됩니다.

3. 받아들여라

자신의 주장보다 상대방의 주장이 더 설득력 있고, 사람들이 상대방의 주장을 선택한다면, 깨끗하게 그 결과를 받아들여야 합니다. 사람들에게 잘못된 선택을 한 것이라며 마구 떼를 쓰는 것은 못난 행동입니다. 겸허히 결과를 받아들이는 당신이 바로 위너입니다.

자꾸 남들과 비교하게 돼요

남들과 비교하다보면 평생 다른 사람들의 눈치만 보고
주눅 들어서 살아가게 됩니다. 누구보다 당당하고 열정적으로
살려면 어떤 마음가짐으로 살아야 할까요?

천수는 무거운 발걸음으로 집에 들어오며 어머니에게 말했습니다.

"어머니, 오늘 수학 시험 봤어요. 아, 근데 기분이 너무 우울해요."

어머니는 걱정되는 표정으로 물어보셨습니다.

"왜, 시험을 못 봐서 그래?"

"어머니, 은빈이 알죠? 은빈이는 95점 받았는데, 저는 90점이에요.

은빈이보다 잘하고 싶었는데, 이번에도 졌어요."

"어? 90점이면 잘했네. 저번 시험은 몇 점이었지?"

"80점이었죠. 그때도 은빈이가 나보다 잘했어요."

"우리 천수가 열심히 공부해서 점수가 10점이나 올랐는데, 속상해

할 필요 없어."

"그래도 은빈이한테 졌잖아요."

천수는 여전히 풀이 죽은 목소리로 대답했습니다.

"천수야, 비교는 남과 하는 게 아니라 너 자신하고 하는 거야! 점점 발전하고 있다는 게 좋은 거야. 잘했어, 우리 아들!"

"아, 몇 점이 중요한 게 아니라 등수가 중요해요. 요즘은 경쟁 사회 잖아요."

"너 이번 시험에서 노력했던 걸 생각해봐. 10점 만점에 몇 점 줄 수 있을까?"

"성적 말고 노력이요? 아마 9점쯤?"

"좋아. 그럼 이전 시험의 노력 점수는?"

"그건 6점이요."

"그것 봐. 아들, 네가 더 노력했잖아. 등수를 따지고 다른 사람하고 비교하는 것보다, 자신이 얼마나 노력했느냐가 더 중요하단다."

천수는 어머니의 말씀을 듣고 그동안 자신이 했던 생각을 되돌아 봤습니다. 열심히 노력했던 자신이 자랑스러워지면서 기분이 좋아졌습니다.

비교는 남과 하는 게 아니라 내 과거, 혹은 나 자신과 하는 것입니다. 운동선수들을 생각해보면 쉽게 이해할 수 있습니다. 대부분의 운동선수들은 자신의 과거 기록을 경신하기 위해 끊임없이 연습합니다. 단지 누군가를 앞지르기 위해서 연습하는 것이 아닙니다. 심지어 권투도 마찬가지입니다. 권투는 누군가를 쓰러뜨리면 이기는 경기로 알고 있습니다.

하지만 실제 권투선수들의 이야기를 들어보면 우리가 생각하는 것과 사뭇 다릅니다. 권투선수들은 권투를 '자기 자신과의 싸움'이라고 표현합니다. 실제로 경기를 하게 되면 상대방은 보이지 않고, 나 자신과의 싸움이 시작된다고 합니다. 힘들어도 포기하지 않고 서 있기 위한 노력, 근육이 마비될 것 같은데 주먹을 한 번이라도 더 뻗으려고 하는 노력들은 오로지 내 의지와의 싸움이라는 뜻입니다. 권투 경기가 끝난 후 선수들이 부둥켜안는 것은 자신과의 싸움을 했던 상대방에 대한 우정과 존경의 표시입니다.

공부 잘할 자신이 없어요

공부를 잘하고 싶지 않은 청소년은 아마 없을 것입니다.
공부에 왕도는 없다고 하지만, 그래도 효율적으로 공부할 수
있는 방법은 있습니다. 전문가들이 추천하는 공부법을
소개합니다.

국어

국어사전을 자주 보는 것이 국어를 잘하는 지름길입니다. 영어공부를
할 때는 사전도 자주 보고 영어 단어장도 만들죠? 국어도 마찬가지입
니다. 국어도 어려운 어휘들이 많은데, 영어와는 달리 다 안다고 생각
해서 찾아보려고 하지 않습니다. 그런데 이런 단어들을 마치 영어 단
어장 정리하듯 정리해보면 국어 능력이 비약적으로 향상됩니다.

단어의 뜻을 정확하게 알면 문장의 뜻을 제대로 이해하게 되기 때
문입니다. 국어 문제를 잘 틀리는 것은 문장의 내용을 정확히 이해하
지 못하는 경우가 대다수입니다. 그렇기 때문에 정확한 단어를 아는
습관을 들인다면 국어는 쉽게 점수 받을 수 있는 과목이 되어 여러분
에게 자신감을 심어줄 것입니다.

영어

'영어를 잘하는 방법이 무엇일까'라는 질문은 참 난해합니다. 외국인과 의사소통을 위한 영어와 시험을 잘 보기 위한 영어는 완전히 다른 문제이기 때문입니다. 영어 시험을 잘 보기 위한 공부를 한다면 일단 영어로 된 지문이나 질문의 뜻을 파악하는 게 선행되어야 합니다. 영어 지문도 이해하지 못하는데 문제를 풀 수 없는 것은 당연한 일입니다. 우선 영어 지문의 뜻이 무엇인지 해설편을 보고 파악하는 것도 방법입니다. 이렇게 내용을 파악하고 나서 문제를 풀 수 있는 능력을 키워나가면 됩니다.

이 방법은 특히 영어를 너무 어려워하는 학생들에게 추천하는 방법 중 하나입니다. 이런 학생들은 문법도 안 되고, 단어도 잘 외우지 못하고, 지문 파악도 안 되는 경우가 많습니다. 이 중 한 가지라도 해결하고 공부를 하면 보다 쉽게 접근할 수 있습니다. 내용을 모르면 흥미 자체가 떨어져서 문법과 단어를 외울 엄두가 안 나는 법입니다. 반면 내용을 어느 정도 파악하고 있다면, 그리고 그 내용에 흥미를 느낀다면 단어 정도는 손쉽게 유추해낼 수 있습니다. 그렇다면 필요한 문법만 추가적으로 공부하면 되는 거죠. 이렇게 단계별로 공부하는 전략이 도움이 될 수 있습니다.

수학

수학을 잘하는 방법은 쉬운 문제를 많이 풀어보는 것입니다. 우리들은 수학 공부를 하면서 어려운 문제들을 많이 풀어보려고 노력합니다. 그런데 사실 어려운 문제를 1번 풀어보는 것보다 쉬운 문제를 10번 풀어보는 게 훨씬 큰 도움이 됩니다.

쉬운 문제를 많이 풀어볼 경우, 자연스럽게 반복학습이 되고 문제를 해결했다는 자신감도 덤으로 얻게 됩니다. 그런데 어려운 문제에만 매달려 있는 경우 반복학습은커녕 자신감마저 하락할 우려가 큽니다. 그렇기 때문에 수학문제집을 고를 때는 항상 자기 수준보다 약간 쉬운 것을 고르는 현명함이 필요합니다.

공부 잘하는 친구들이 어려운 문제집을 푼다고 따라할 필요는 없습니다. 그들은 그들의 수준에 맞는 문제를 풀 뿐입니다. 어려운 문제를 풀어서 공부를 잘하는 게 아니라, 공부를 잘하니까 실력에 맞는 문제를 푸는 것입니다.

4장

모두에게
인정 받고 싶어요

마음과 마음을 이어주는 소통 방법

〈소통의 달인 테스트〉

		그렇다	아니다
1	인사는 나이가 어린 사람이나 지위가 낮은 사람이 먼저 하는 것이다.	☐	☐
2	인사는 상대방의 기분을 고려해서 무표정하게 하는 것이 좋다.	☐	☐
3	어른들과 대화할 때에는 항상 자신감 있게 힘 있는 목소리로 말한다.	☐	☐
4	어른들에게 질문을 하거나 무엇인가를 물어보는 것은 무례한 행동이다.	☐	☐
5	사람은 행동이나 표정보다 주로 말을 통해서 의사를 전달한다.	☐	☐
6	토론은 편을 나누어 논쟁을 하는 것이 기본이다.	☐	☐
7	약속시간에 10분 정도 늦는다면 미리 연락하지 않아도 된다.	☐	☐
8	피해를 주지 않는다면, 비밀은 공유해도 괜찮다.	☐	☐
9	메모나 편지보다는 SNS나 휴대전화 메시지를 이용한다.	☐	☐
10	선물은 가능하면 비싼 제품으로 골라야 한다.	☐	☐

결과보기

'아니다'라고 대답한 개수를 모두 더해주세요.

10개	7~9개	0~6개
GOOD	NORMAL	BAD
진정한 소통의 달인으로 인정합니다.	부족한 부분만 살짝 개선한다면 누구나 좋아할 만한 소통의 달인이 될 것입니다.	상대방을 배려하는 마음을 조금만 더 키워보세요. 소통은 일방통행이 아니랍니다.

어른들은 왜 인사를 좋아할까요?

어른들은 유치원 꼬마 아이들이 배꼽 인사하는 모습을 보면 흐뭇해합니다. 그리고 학교 선생님들은 인사 잘하는 학생들이 가장 예쁘다고 이야기합니다. 왜 이렇게 어른들은 인사를 좋아할까요?

윤정이와 인영이는 친한 친구입니다. 학교가 끝나고 집으로 가는 길에 윤정이가 묻습니다.

"인영아, 우리가 맨 처음 만난 날 기억나니? 헤헤"

"당연하지! 중학교 예비소집 날 아침이었잖아."

"우와! 인영이 넌 기억하고 있었구나?"

"응. 나 그날 진짜 많이 긴장했어. 초등학교 때 친했던 친구들이 한 명도 없었거든. 어떤 아이들이 모였을까 궁금했는데, 학교 강당에 들어가서 처음으로 눈이 마주친 사람이 너였어. 근데 네가 웃는 얼굴로 "안녕?" 하고 인사해줬지. 그 때 긴장된 마음이 풀어지는 느낌이었던 것 같아."

"내가 진짜 그랬어?"

"응. 난 아직도 네 표정이 기억나는 걸."

인사는 사람과 사람이 만났을 때 제일 먼저 하는 것입니다. 문화에 따라서 포옹이나 볼에 키스를 하는 곳도 있고, 악수하는 경우도 있습니다. 우리나라를 비롯해 일본, 중국은 주로 상체를 숙이는 인사를 합니다. 인사는 간단하고 단순한 동작이지만 생각보다 많은 의미를 담고 있습니다. 반가움의 표시일 수도 있고, 존경을 나타낼 수도 있습니다. 때로는 감사를 표시하기도 합니다. 친구들끼리 인사를 할 경우는 손을 흔들거나 어깨를 두드리는 등 가벼운 스킨십을 사용하기도 합니다.

간혹 인사를 잘 못하는 사람들이 있습니다. 이 사람들의 특징은 상대방의 눈과 마주치는 것을 어려워하거나, 다른 사람과 관계 맺는 것을 부담스러워하는 사람입니다. 그래서 상대방이 먼저 인사해주기를 바랍니다. 인사를 먼저 못하는 사람은 부끄러움을 많이 타거나, 자신이 먼저 인사하기 싫다는 이상한 자존심을 가지고 있습니다. 그런데 인사를 미루는 습관이 생기면 누군가를 만날 때 인사할 타이밍을 놓쳐 어색한 분위기가 되기 십상입니다. 결국 인사성이 좋지 않다는 평가를 받게 됩니다.

인사는 상대방을 먼저 발견한 사람이 하는 것입니다. 가끔 청소년들이 먼저 인사하지 않는다고 꾸짖거나 나무라는 어른들이 있습니다. 그런데 사실 나이가 어리거나, 사회적 지위가 낮은 사람이 무조건 먼저 인사해야 한다는 규칙은 없습니다. 누구든 먼저 반가움이나 고마움을 표현할 수 있습니다. 오히려 먼저 인사를 건네는 사람이 자신감과 여유를 가진 사람입니다. 먼저 인사를 건네는 선생님이나 어른을 보면 배려심이 깊다는 생각이 들어 존경심마저 생깁니다. 이렇게 인사를 잘하는 사람은 다른 사람들로부터 강한 호감을 얻을 수 있습니다.

TIP 자신감 있는 나 만들기

1. 눈을 마주친다
인사할 때에는 상대방의 눈을 바라봐주세요. 눈을 마주치는 행동은 나와 상대를 이어주는 가장 기본이 되는 좋은 행동입니다.

2. 미소를 짓는다
눈을 마주치면 미소를 지어주세요. 내가 호감을 갖고 있다는 것을 상대에게 전해주면 상대도 편한 마음으로 나를 대하게 됩니다.

3. 차분하고 부드럽게 말한다
최대한 차분하고 부드러운 목소리로 인사하세요. 그리고 가끔은 밝고 경쾌한 목소리로 인사하는 것도 좋은 인상을 줍니다.

어른들과 대화하는 것이 어색해요

02

청소년 중에는 친구들과는 자연스럽게 이야기하면서,
어른들과 말할 때는 불편하고 어색해하는 경우가 많습니다.
이런 청소년들은 예의가 없다고 억울한 오해를 받기도 합니다.
어떻게 해야 어른들과 자연스럽게 이야기할 수 있을까요?

윤희는 할아버지와 대화하는 것이 가장 어렵습니다. 할아버지는 어려운 말씀만 하셔서 어떤 의미인지 잘못 알아들을 때가 많습니다. 할아버지는 그런 윤희가 답답한지 할아버지는 더 큰 목소리로 말씀하십니다. 윤희는 자신이 할아버지를 화나게 한 것 같아 눈도 못 마주치고 자꾸 땅바닥만 쳐다봅니다. 그러면 '할아버지가 얘기하는데 왜 땅만 보는 거야?'라고 말씀하십니다. 그러면 윤희는 더욱 주눅이 들게 됩니다.

찬우는 동네 아저씨, 아주머니들에게 인기가 많습니다. 항상 웃으면서 큰 소리로 인사하기 때문입니다. 찬우는 어머니 친구 분들이 집에 놀러 오셨을 때도 밝게 인사하고 심부름도 잘합니다. 찬우의 이런 모습에 어른들은 칭찬을 아끼지 않습니다.

선우는 우연히 교장 선생님과 이야기를 하게 되었습니다. 교장 선생님은 자신의 젊은 시절 이야기를 선우에게 해주었습니다. 그런데 교장 선생님은 선우가 가보고 싶었던 곳에 여행도 많이 하셨다는 것을 알게 되었습니다. 선우는 신이 나서 대화를 이어갔습니다.

"교장 선생님, 그럼 어느 나라가 제일 기억에 남으세요?"

"제일 오래 살아본 나라가 기억에 남는단다."

"얼마나 오래 사셨는데요?"

"한 3년 넘게 있었지. 친구들도 많이 사귀고 많은 걸 배울 수 있는 시간이었단다."

"그렇구나, 근데 그렇게 오래 외국에서 살 수도 있나요?"

"그럼, 그러려면 비자도 받고 시험도 치러야 한단다."

"선생님, 그런데 비자가 뭐예요? 무슨 말인지 모르겠어요."

"비자는 외국 사람이 그 나라에서 얼마 동안 살아도 된다고 나라에서 허락해주는 거란다."

"아 그렇구나! 감사해요! 잘 몰랐어요."

"같이 이야기해서 즐거웠다. 다음에 또 이야기하자."

"네, 선생님. 안녕히 가세요."

만약 어른들과 대화했을 때 좋지 않은 소리를 듣게 된다면 내 대화 습관을 점검해볼 필요가 있습니다. 다른 생각에 빠져 어른들의 이야기를 잘 듣지 않거나, 대화에 집중하지 않았을 수도 있습니다. 혹은 어른들의 질문에 무성의한 단답형 대답을 했을 수도 있답니다. '네' 나 '아니오'로 대답하기 보다는 왜 그렇게 생각하는지 자신의 생각을 덧붙여 말해주세요. 어른들은 '왜 그렇게 생각하는지'를 듣고 싶어 합니다.

어른들과 자연스럽게 대화하는 방법은 어렵지 않습니다. 대화할 때 어른들의 얼굴이나 가슴을 바라보면서 부드럽게 미소만 지으면 됩니다. 그리고 최대한 귀 기울여 듣고, 이야기가 너무 어려우면 듣는 척만 해도 됩니다. 그리고 잘 모르는 단어가 나오면 그 뜻을 바로 물어보는 것도 좋습니다. 어른들은 내가 아는 말이라고 생각하고 말할 수도 있으니까요. 이야기를 들을 때는 고개를 살짝 끄덕이는 몸짓도 매우 좋습니다. 내가 잘 듣고 있다는 모습을 보여드리는 것도 중요합니다. 이런 행동이 몸에 밴다면 대화의 수준도 한 단계 업그레이드될 것입니다.

친구들과 오해가 생겼어요

03

친구와 이야기를 하다 보면 뜻하지 않게 오해가 생기거나 사소한 말다툼이 벌어지기도 합니다. 이런 불미스러운 일을 미리 방지할 수 있는 대화 스킬을 배울 수 있을까요?

"너 경진이 알지? 경진이랑 얘기해본 적 있어?"

"그럼! 아주 친하지는 않지만. 그런데 경진이가 왜? 무슨 문제 있어?"

"아니, 문제라기보다 경진이랑 대화를 하면 미치겠더라고. 걔 말이 왜 그렇게 많냐? 너무 심한 것 같다는 생각이 들어."

"응. 난 얘기 많이 안 해봐서 잘 모르겠는데, 다른 애들이랑 얘기하는 거 들어보면 그런 것 같기도 해."

"경진이는 혼자 말 엄청 많이 하거든. 내 얘기는 들을 생각도 안 하고 혼자 말하고, 혼자 화내고, 혼자 재미있어서 웃고, 완전 자기 혼자만의 세계에서 사는 것 같아."

"뭐야? 그럼 너는 들어주는 역할만 하는 거야?"

"걔는 나를 친구로 생각하는 게 아니라 들어줄 사람이 필요한 것 같아 기분이 안 좋아. 지루하기도 하고."

"그렇겠네. 서로 흥미 있는 주제로 이야기를 주고받아야 재미있는 건데."

"경진이한테 직접 말해볼까? 고쳐야 할 점은 사실대로 이야기해서 도움을 주는 게 좋을 것 같은데, 또 내 말 듣고 상처받을 것 같아 걱정이다."

대화는 서로 감정이나 의견을 교환하는 것입니다. 혼자만 이야기하는 것은 좋은 대화가 아닙니다. 이런 방식의 대화가 길어진다면 상대방이 오해하거나 감정이 상하게 되기 쉽습니다. 그러면 자연스럽게 친구들과 멀어지거나 혹은 내가 뒷담화의 대상이 되는 비극적인 일이 발생하게 되는 상황입니다. 말하는 것도 습관이나 버릇의 일종입니다. 특히 청소년 시기의 대화 습관은 성인이 되어서도 잘 변하지 않습니다. 그래서 청소년 시기에 바른 언어 습관과 대화 스킬을 몸에 익히는 것이 매우 중요합니다.

친구들과 대화를 할 경우 말을 하는 것도 중요하지만, 더 중요한 것이 친구의 말을 듣는 태도입니다. '말을 그냥 들으면 되는 것 아냐?'라고 생각할 수도 있지만 듣는 행동은 크게 두 가지로 나눠집니다.

첫 번째는 'hear'의 개념입니다. 귀에 들리는 소리를 그저 듣는 것으로, 길을 걷다가 자동차 소리나 행인들의 소리 등 내 의지와 관계없이 주변의 소리를 듣는 행동을 말합니다. 두 번째는 'listen'의 개념입니다. 어떤 소리에 주의 깊게 집중해서 듣는 행동입니다. 그래서 영어 듣기 평가와 같이 집중해서 들어야 하는 경우 'Listen carefully!'라고 하는 것입니다.

대화에서 듣기는 'hear'가 아닌 'listen'입니다. 그래서 말하는 친구의 얼굴과 눈을 바라보고 그 친구가 말하는 것을 유심히 들어야 합니다. 말하는 사람을 바라보지 않고 휴대전화나 다른 곳을 보는 것은 'hear'에 불과합니다.

말하는 사람을 바라보는 것이 중요한 이유는 또 있습니다. 사람이 의사 전달을 할 때 언어를 통한 전달은 7%에 불과하다고 합니다. 그리고 목소리 크기, 속도와 억양을 통해서 38%, 몸짓과 표정을 통해서

55%가 전달된다고 합니다. 결국 사람은 의사소통을 할 경우 93%를 비언어적인 표현으로 사용하게 됩니다. 그렇기 때문에 말하는 사람을 바라보지 않고 말만 듣게 되면 당연히 오해가 생길 수밖에 없답니다.

그리고 말을 할 때에는 내가 하고 싶은 말을 하는 것보다 친구가 듣고 싶은 주제에 대해서 말하는 것이 좋습니다. 내가 아무리 재미있는 이야기를 한다고 해도 친구가 그것에 대해서 관심이 없다면 내 이야기는 순식간에 썰렁한 이야기가 되어버리기 마련입니다. 이 같은 스킬만 사용해도 여러분은 친구들 사이에서 함께 대화하고 싶은 친구로 손꼽히게 될 것입니다.

◻ 의사전달 방법

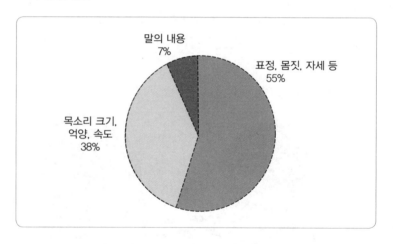

토론을 잘하고 싶어요

04

말을 잘하거나 발표를 잘하기 위한 첫 번째 방법은
많은 토론을 해보는 것입니다. 놀라운 토론 문화를
발달시킨 유대인에게서 배울 수 있는 토론의 노하우엔
어떤 것들이 있을까요?

"야! 넌 무슨 말을 그렇게 해? 내가 언제 그랬다고?"

"네가 먼저 기분 나쁘다는 식으로 이야기했잖아?"

"자자, 그만하고 다음 문제로……"

"잠깐만, 그냥 넘어가지 말고 확실하게 짚고 넘어가야 해!"

어느덧 토론 시간은 점점 감정싸움으로 번져갔습니다. 이런 현상

이 학교에서만 일어나는 것은 아닙니다. 대학생들의 토론이나 어

른들의 토론에서도 마찬가지입니다. 토론만 하면 항상 감정싸움

으로 번져 서로 못 잡아먹어서 안달인 경우가 많습니다.

토론은 어떤 문제나 주제에 대해서 다양한 의견을 나누면서 문제
를 해결해 나가는 방법입니다. 토론에는 여러 가지 방법이 있습니다.

그런데 우리는 토론이라고 하면 항상 '찬반 토론'만을 생각합니다. 어떤 주제에 대해서 찬성 입장과 반대 입장으로 편을 가르고 서로 공격하는 형태의 토론입니다. 그런데 사실 '찬반 토론'은 토론이라고 볼 수 없습니다. 이것은 오히려 '논쟁'에 가깝습니다. 그래서 찬반 토론이 아니라 찬반 논쟁이 더 올바른 표현이라고 할 수 있죠. 토론의 가장 중요한 핵심은 '다양한 의견'을 듣는 것입니다. 그렇기 때문에 토론에는 찬반이라는 이분법적인 논리가 있을 수 없습니다.

토론을 잘하려면 우선 말하고자 하는 것을 조리 있게 정리하는 것이 필요합니다. 정확한 증거와 논리를 들어 이야기하는 게 토론의 첫걸음입니다.

예시) "제가 말하고자 하는 것은 여름에 에어컨을 사용해야 한다는 것입니다. 에어컨을 사용하지 않으면 교실의 온도가 높아지고, 수업 집중력이 떨어지기 때문입니다. 그리고 다른 친구들한테서 나는 땀 냄새 때문에 더욱 공부할 수 없는 환경이 됩니다. 그래서 7월부터는 에어컨을 사용해야 한다고 생각합니다."

토론할 때는 상대방의 의견을 듣고 나서 자기의 의견을 말할 때, 꼭 지켜야 할 규칙이 있습니다. '칭찬+아쉬운 점이나 추가할 내용'의 형식을 지키는 것입니다. 상대방의 의견에서 반드시 칭찬할 점을 하나

정하고 그 다음 자신의 이야기를 덧붙이는 태도가 좋습니다.

칭찬이나 인정해줄 수 있는 내용	+	아쉬운 점이나 추가할 내용

예시) "경식이의 이야기는 여러 사람을 배려했다는 점에서 매우 좋다고 생각합니다. 그렇지만 학생 수에는 한계가 있고 각자 사정이 다른 점도 고려해줬으면 좋겠습니다."

토론에서는 상대방을 인격적으로 비난해서는 안 됩니다. 모든 의견이 모여서 공통된 가치를 뽑아내는 게 토론의 특징이기 때문입니다. 그리고 토론의 진행자는 참가하는 모든 사람들이 공평하게 이야기할 수 있는 기회를 제공해야 하고 서로 의견을 존중하는 분위기를 유지할 수 있도록 노력해야 합니다. 이렇게 토론을 진행하면 서로 감정이 상하지 않고 원활한 토론이 가능합니다. 감정싸움을 한다면 제대로 된 토론이 아니라고 할 수 있습니다.

약속을 잘 지키면
뭐가 좋은가요?

약속을 잘 지키면 믿을 수 있는 사람이 되고, 그 사람의
가치도 올라갑니다. 그리고 약속은 친구들 간의 신뢰를 확인해
볼 수 있는 가장 쉬운 방법이기도 합니다. 약속을 잘 지키는
사람에겐 어떤 보상이 따라올까요?

도윤이는 성균이와 학교 앞에서 만나기로 했습니다. 그런데 약속
한 시간이 되었는데도 성균이가 오지 않았습니다. 만나서 맛있는
것도 먹고 게임도 하려고 한 건데, 이미 약속 시간이 30분이나 지
났습니다. 도윤이는 다리가 아파오기 시작했습니다. 메시지를 보
내봐도 곧 도착한다는 답변만 옵니다.

"야! 어디야? 언제 와?"

"금방 가. 다 도착했어."

"야, 넌 30분 전에도 도착했다고 했잖아. 도대체 언제 오는 거야?"

"거의 다 왔어. 야, 이왕 기다린 거 좀만 더 기다려라."

비단 오늘 일만이 아닙니다. 성균이는 약속시간을 제대로 지켜본
적이 한 번도 없었습니다. 도윤이는 성균이를 기다리는 동안 지치

고 기분도 상했습니다. 앞으로는 절대로 성균이와 약속을 하지 않기로 다짐했습니다.

학교 숙제를 하려고 같은 팀원들이 모두 모이기로 한 날입니다. 우리나라를 빛낸 위인들을 각자 한 명씩 맡아서 조사해오기로 했습니다. 그런데 장우는 위인에 대한 조사를 하나도 해오지 않았습니다.
"나 잊어버리고 못 해왔는데."
"야, 그럼 오늘 왜 나왔냐? 그거 회의하려고 모인 거잖아!"
"미안 미안. 우리 같이 찾아보자. 이렇게 화낼 필요 없잖아."
장우의 변명에 동준이는 더 화가 났습니다. 동준이는 전날 밤 두 시까지 위인에 대해 조사했기 때문입니다. 다른 팀원들 역시 이런 장우를 이해할 수 없었습니다. 그래서 모두들 다음부터 장우와 같은 팀을 하지 않기로 마음먹었습니다.

약속을 지키지 않는 사람은 친구들로부터 신뢰를 얻지 못합니다. 그렇게 신뢰를 잃고 나면 그 사람과는 자연스럽게 관계가 멀어집니다. 결국 약속을 잘 지키지 않고 소홀하게 생각하면 주변에 친한 친구들이 하나도 남지 않게 되어버립니다. 특히 약속에는 사소한 약속이나 중요한 약속이 따로 없습니다. 약속은 모두 중요하고 지켜져야 하는 것입니다. 사소한 약속이라고 무시하거나 얕잡아 생각한다면 신뢰는 다시 회복할 수 없을 정도로 무너져 버립니다. 약속을 어기면 상대방의 마음에 큰 상처를 남기게 됩니다.

반면 약속을 지키는 사람은 이런 평가를 받습니다. '이 사람은 확실한 사람이야. 한번 했던 약속은 반드시 지키는 사람이니까 믿을 수 있어.'

약속을 잘 지키는 사람에게는 당연히 사람들이 많이 모이게 됩니다. 신뢰가 쌓이면 사람도 쌓이게 되는 것입니다. 약속이란, 지킬 때에 그 가치가 빛납니다. 또한 그 가치를 빛내는 사람 또한 빛나게 마련입니다.

TIP 약속을 잘 지키기 위한 요령

1. 잊어버리지 않게 메모하세요
다이어리, 달력, 휴대폰을 이용해서 기록하세요. 약속 하루 전에 잊어버리지 않게 알림 기능을 해놓으면 약속을 잘 지키는 사람이 될 수 있습니다.

2. 상대방에게도 말해주세요
약속 하루 전날, 상대방에게도 연락을 해주세요. '우리 내일 ~하기로 했어. 내일 만나자.' 이런 작은 행동이 나의 신뢰를 더욱 높여줍니다.

3. 약속을 못 지키게 될 때에는 이렇게 하세요
부득이 약속을 못 지키게 되면 가능한 한 빨리 연락하세요. 진심을 담은 사과는 상대방의 마음을 녹여줍니다. 그리고 다음 약속은 자신이 먼저 정하도록 하세요. 나 때문에 약속이 미루어졌으니, 가능한 날을 잡는 수고는 내가 맡아야 합니다.

06

친구들 사이의 비밀,
꼭 지켜야 할까요?

친구들 사이에서 '너만 알고 있어. 이거 비밀이야'라는 말을
많이 하는데, 이것은 이미 '비밀 아닌 비밀'입니다. 친구의 비밀을
지켜주어야 하는 이유는 뭘까요? 그리고 그것을 지켜주지 못했을 때는
어떤 일이 일어날까요?

민지에겐 하나라는 친구가 있습니다. 하나는 쾌활한 성격에 인기

가 많습니다. 하지만 민지는 하나에게 딱 한 가지 불만이 있습니

다. 바로 '있잖아, 비밀인데……'로 시작하는 하나의 말입니다.

"너, 연지 알지?"

"응. 왜?"

"있잖아, 비밀인데 너만 알고 있어. 연지가 글쎄 ~했대."

하나는 틈만 나면 민지에게 다가와 또 다른 비밀을 알려줍니다.

"민지야, 나 오늘 진짜 우울해."

"왜? 무슨 일 있어?"

"쉿! 너만 알고 있어야 해. 내가 ~에게 들었는데 ~래."

민지는 처음 하나의 비밀 이야기를 들었을 때 '나를 믿어주는구나'

라고 생각해서 하나가 고맙기도 했습니다. 그래서 하나를 더욱 소중한 친구로 생각하게 되었습니다. 그런데 민지는 다른 친구들에게 이상한 얘기를 들었습니다.

"민지야, 너 그거 알아? 비밀인데, 이거 아무한테도 말하면 안 돼. 하나가 나한테 비밀이라고 그랬는데 너니까 특별히 얘기해주는 거야. 연지가 글쎄 ~했대."

하나가 민지에게 얘기해주었던 연지의 비밀 이야기를 그 친구가 똑같이 말하고 있는 것입니다. 민지는 당황했지만 처음 듣는 척하면서 상황을 넘겼습니다. 사실 하나는 민지에게만 비밀 이야기를 했던 게 아니었습니다. 그 후로도 민지는 똑같은 비밀 이야기를 다른 친구들을 통해서 들을 수 있었습니다. 민지는 이제 더 이상 하나를 믿을 수 없었습니다. 그리고 하나와 같이 이야기하거나 하나의 얼굴을 보는 것조차 불편해졌습니다.

비밀이란 말 그대로 꼭 지켜야 하는 것이지 다른 사람들한테 공유해서는 안 되는 것입니다. 그런데 하나와 같은 친구들은 왜 비밀을 여기저기에 퍼뜨리고 다니는 걸까요? '비밀인데, 너만 알고 있어.'라는 말은 상대방을 이야기에 집중하게 만드는 효과가 있기 때문입니다. 또 둘만의 공유라는 점은 서로 믿을 수 있는 친구가 되었다는 감정을 느끼게도 만듭니다. 그래서 특히 누군가에게 관심을 받고자 할 경우에 가장 쉽게 사용하는 방법이기도 합니다.

이런 부류의 사람들은 자신이 알고 있는 비밀 이야기가 많으면 많을수록 인정과 관심을 받을 수 있다고 착각합니다. 그리고 스스로 친한 친구들이 많다고 자기만족에 쉽게 빠집니다. 그리고 누군가 그 비밀이 공유되어 상처를 입게 되면 '내가 한 게 아니니까. 내 책임은 없어.'라며 발뺌하기도 합니다.

비밀을 지켜주지 않으면 결국 친구 관계도 깨져 버립니다. 그리고 믿을 수 없는 사람이라는 낙인도 찍히게 됩니다. 비밀 이야기를 무분별하게 퍼뜨린다면 다른 누군가와는 쉽게 친해질지 모르겠지만, 결국 소중한 친구를 잃게 될 것입니다.

친구와 속 깊은 대화를 하고 싶어요

SNS나 메시지를 통해서 전 세계에 있는 누구와도 쉽게 교감할 수 있는 세상입니다. 그런데 형식적인 친구가 아닌 진심으로 마음이 통하는 친구와 교감하고 싶다면 어떤 방법이 있을까요?

집으로 들어가던 영신이는 우편함에 쌓여있는 우편물을 보았습니다.

'어? 어머니가 아직 안 들어오셨나? 내가 챙겨가야겠다.'

광고 전단지, 관리비 고지서, 카드 명세서 그리고 백화점 소식지가 한 움큼이나 있었습니다. 그런데 그 사이에서 핑크색 편지 하나가 바닥에 툭 떨어졌습니다.

'이게 뭐지?'

영신이는 편지를 집어 들자마자 깜짝 놀라고 말았습니다. 프린터로 주소가 인쇄된 다른 편지들과 달리 그 핑크색 봉투에는 손글씨로 영신이의 이름이 쓰여 있었기 때문입니다.

'보내는 사람 정민, 받는 사람 영신? 이게 누구지? 혹시 학원 광고

인가?'

영신이는 흥분되는 마음으로 편지를 뜯어보았습니다.

편지를 보고서야 영신이는 초등학교 때 친하게 지내던 정민이를 떠올렸습니다. 초등학교 절친이던 정민이. 아무 말 없이 훌쩍 전학 간 이후로 연락도 없었는데, 이렇게 중학생이 되어 소식을 전해준 것입니다. 3장의 편지지에는 빼곡하게 그동안 정민이가 겪었던 일들이 적혀 있었습니다.

아버지가 사업에 실패해서 어쩔 수 없이 지방으로 이사 가야 했던 일과 어머니가 많이 아프셔서 계속 병간호를 해야만 했다는 이야기가 쓰여 있었습니다. 가출과 자살까지도 생각해 봤다는 정민이의 글을 읽고 영신이는 미안한 마음이 들었습니다. 그동안 정민이가 날 배신하고 떠나버렸다고 생각하고 원망하고 미워했기 때문입니다. 그런데 정민이가 이렇게 가슴 아픈 일을 겪고 있었다니. 편지의 마지막 한 줄을 읽은 영신이의 눈에서 눈물이 떨어졌습니다.

'그때 인사도 못 하고 떠나서 미안해. 혹시 그것 때문에 나한테 화나 있는 건 아닌지 걱정이다. 넌 아직도 나한테 가장 소중한 베프야! 힘들 때마다 너랑 즐거웠던 생각을 했어. 너무 고맙고 사랑해.'

이 편지 한 통으로 그동안의 오해는 눈 녹듯이 사라져 버렸습니다. 영신이는 편지에 적힌 정민이의 새로운 전화번호로 메시지를 보냈습니다.

'편지 잘 받았어. 고마워! 나도 답장 보낼게!'

영신이는 예쁜 편지지를 사서 정성스럽게 편지를 쓰기 시작했습니다. 문자 메시지나 SNS와는 다른 편지의 매력을 경험했기 때문입니다.

사람이 직접 쓴 글씨에는 영혼이 깃들어 있다고 합니다. 귀신이나 혼령이 있다는 이야기가 아니라 글 쓰는 사람이 당시 가지고 있던 감정이나 느낌이 글자에 담겨 있다는 뜻입니다. 그래서 너무 보고 싶은 친구에게 편지를 받으면 편지를 다 읽기도 전에 그 친구의 느낌을 알 수 있다고도 합니다. 또 서예 작품을 보면 그 작가의 감정을 읽을 수 있다고도 하죠. 그런데 컴퓨터, 스마트폰, 휴대전화 같은 통신기기들은 이런 감정이나 느낌을 전달하기 힘듭니다. 아무리 이모티콘이나 아이콘, 스티커 같은 도구들을 사용한다 해도 감정을 100% 전달하기는 쉽지 않습니다.

편지뿐만 아니라, 쪽지나 메모 등으로 친구와 소통할 수 있습니다. 특히 말로 하기 어려울 때 유용한 방법들입니다. 친구에게 고마움을 전할 때 직접 쓴 손편지를 준다면 그 감동은 더욱 커질 것입니다. 말은 한 순간에 사라져 버리지만, 글자는 영원히 남습니다.

악플에 시달리고 있어요

요즘은 사람들을 직접 만나 대화하는 것보다, 인터넷이나 모바일을 통한 소통을 더 많이 하게 됩니다. SNS를 통해서 악플이나 인신공격적인 메시지를 보내는 사람도 많습니다. 이유 없이 나를 괴롭히는 악플러들한테서 어떻게 하면 벗어날 수 있을까요?

지민이는 요즘 SNS를 보는 것조차 두렵습니다. 평소에 일기로 자주 사용하는 SNS에 어느 순간부터 악플이 달리기 시작했기 때문입니다. 공개적으로 항의도 해보고 경찰에 신고하려고도 했지만 그때뿐입니다. 욕하는 것은 기본이고, 때로는 혐오스러운 사진이나 영상을 링크하여 더 괴롭게 합니다. 그리고 인격을 모독하는 말이 한가득 적혀 있기도 했습니다.

SNS를 폐쇄하려고도 생각해 보았지만, 그동안 업로드 해놓은 수많은 사진과 추억들 때문에 쉽게 없애지도 못하고 있는 실정입니다. 마치 나 혼자 사용하는 일기장을 누군가 몰래 꺼내 보면서 낙서하는 듯한 느낌에 심한 모멸감까지 느낍니다.

형주는 동영상 사이트에서 가족과 관련된 감동적인 영상을 보았습니다. 이 영상이 마음에 들은 형주는 '좋아요' 버튼을 눌렀습니다. 그리고 그 영상을 자세히 살펴보았습니다. 무려 1천 명이 넘는 사람들이 형주와 같이 '좋아요'를 표시하였습니다.

그런데 다음 순간, 형주는 깜짝 놀라게 되었습니다. 그 감동적인 영상에 무려 1백 명이 넘는 사람들이 '싫어요'라는 표시를 했던 것입니다. 다른 동영상들도 찾아보았지만 아무리 좋은 영상에도 약 10% 정도의 사람들은 항상 부정적인 표시를 한다는 것을 알 수 있었습니다. 형주는 세상에 10% 정도는 나와 생각이 다른 사람들이 있다는 것을 인정할 수밖에 없었습니다.

소위 '악플러'들은 왜 악플을 달까요? SNS를 통해서 악플을 달거나 인격적인 모독을 일삼는 악플러들은 부러워하는 마음이나 자격지심이 반영된 경우가 많습니다. 그리고 자기가 느끼는 심리적인 불안감을 아무 이유 없이 표출하는 경우도 있습니다. 그런데 가장 큰 문제가 되는 것은 마치 마녀사냥과 같은 악성 댓글입니다. 무엇인가 잘못된 것을 보면 스스로 정의의 편이라고 착각하고, 신상을 털어 공개하거나 합성된 사진을 유포하기도 합니다. 악플러들의 이런 행동은 잘못된 의협심이 그 원인입니다.

이런 악플러들의 특성을 충분히 이해한다면 악플을 방지하는 방법도 쉽게 실천할 수 있습니다. 가장 먼저 본인이 SNS를 통해서 소통하는 글 중에서 맹목적인 자기 자랑이나 과시하기 위한 글이 있는지 검토해 보아야 합니다. 이런 허세 글은 절대 금물입니다! 대신 진솔하고 소탈하게 글을 쓴다면 악플의 상당 부분을 줄일 수 있습니다. 일반적으로 누군가에게 인정받거나 관심 받고 싶어서 허세 글을 많이 작성하는데 오히려 역효과가 납니다. 허세 글을 읽는 대부분의 사람들은 거부감을 느끼기 때문입니다.

SNS란 공간에서는 누구나 자신의 생각이나 의견을 적어낼 수 있습니다. 하지만 다른 사람의 생각이 잘못되었다고 손가락질하거나 무시하는 투의 글을 쓸 경우 오히려 많은 사람들의 반감을 사게 됩니다. 이것이 악플로 이어지기도 합니다. 상대방의 의견에 대한 자신의 생각을 말하고자 할 때는 항상 칭찬과 인정을 먼저 하고 나서 자기의 주장을 내세워야 합니다. 이렇게 표현하는 것이 심리적으로 가장 안정된 방법입니다. 그렇지 않고 다짜고짜 반박부터 하면 그 누구라도 저항하고 반항할 수밖에 없습니다. 악플을 더욱 심화시키는 꼴이 됩니다.

악플을 전문적으로 다는 사람들도 있습니다. 모든 의견에 태클을 걸고 이에 반응해 화내는 사람들을 보며 즐기는 못된 사람들입니다. 이들에겐 사실 정신적 문제가 있습니다. 여러분 친구들 중에 이런 사람이 있다면 끔찍한 일일 것입니다. SNS에서 이런 사람들이 친구 혹은 이웃으로 연결되어 있다면 과감하게 관계를 끊고 차단하는 지혜가 필요합니다. 그들은 평생 나에게 피해를 주는 사람이 될 수 있기 때문입니다.

09

오래 기억될 선물을 하고 싶어요

친구에게 선물을 해야 할 때, 어떤 기준에서 선물을 고르는 것이 좋을까요? 무조건 비싼 물건, 유명 브랜드 제품을 사야 할까요? 친구의 마음을 감동시킬 수 있는 선물을 고르려면 어떻게 해야 할까요?

소영이의 생일이 일주일 앞으로 다가왔습니다. 민지는 무엇을 사 줘야 할지 몰라 고민입니다. 며칠을 고민하다 가장 무난하게 요즘 인기 있는 유명한 브랜드의 화장품을 골랐습니다.

"아, 고마워. 잘 쓸게."

말로는 고맙다고 했지만, 소영이의 표정을 보니 그리 좋아하는 눈 치가 아니었습니다. 소영이의 이런 반응에 민지는 크게 실망했습 니다.

'이게 뭐야. 괜히 화장품을 사줬나 보다.'

지혜는 부모님과 떠난 여행지에서 작은 유리 공예품점에 들르게 되었습니다. 가게 안에는 아기자기하고 예쁜 인형과 반지 등 값비싼 수공예품들이 가득 있었습니다. 그런데 한쪽 구석에 있던 유리로 만들어진 손톱 손질 도구가 지혜의 눈에 띄었습니다. 그 순간 지혜의 머릿속에 친구인 영진이의 얼굴이 떠올랐습니다.

'영진이가 손톱 손질하는 거 좋아하는데, 이거 비싸지도 않고 딱이다!'

지혜는 영진이를 만나 여행 이야기도 하며 수다를 떨다가 선물을 주었습니다.

"영진아, 여행하다가 이거 발견했는데 너 생각이 나더라. 맘에 들었으면 좋겠어."

"내가 이런 거 좋아하는지 어떻게 알았어? 어, 이거 유리네? 특이하다, 정말 고마워! 잘 쓸게."

영진이는 지혜의 선물을 진심으로 기뻐했습니다. 지혜는 영진이의 모습을 보면서 선물하는 기쁨을 느낄 수 있었습니다.

성수는 길에서 초콜릿 가게를 발견했습니다. 그중 성수의 눈에 들어온 것은 빨간색 코코아 가루였습니다. 우유에 타면 붉게 변하는 코코아를 마실 수 있는 제품이었습니다. 비싸지도 않고, 꼭 이 가게에서만 구입할 수 있어 특별한 선물이 될 것 같았습니다. 평소에 코코아를 좋아하는 진우에게 선물로 주기로 했습니다. 기뻐할 진우를 생각하니 벌써부터 성수의 입가에 미소가 지어졌습니다.

비싸다는 이유만으로 좋은 선물이 되는 것이 아닙니다. 가격이 저렴하거나, 잘 알려진 제품이 아니더라도 선물을 받는 친구가 좋아하는 것이 진짜 의미 있는 선물입니다. 친구를 감동시키기 위한 선물을 하려면 평소 친구의 취향이나 습관에 관심을 가지고 있어야 합니다. 친구가 꼭 필요하거나 좋아할 만한 것을 선물한다면 당연히 기뻐할 것입니다. 선물을 받고 감동하거나 마음이

따뜻해지는 이유는 선물해준 사람의 마음과 사연이 담겨있기 때문입니다. 선물에서 중요한 것은 가격이 아니라, 사연을 담으려는 관심과 노력입니다.

TIP 선물을 고르는 방법

1. 친구가 좋아하는 것을 떠올려보세요
평소에 친구가 좋아했던 음악, 색깔, 물건 등을 기억하고 있으면, 친구의 선물을 고를 때에 큰 도움이 됩니다.

2. 작고 의미 있는 것을 골라보세요
커다랗고 비싼 선물이 아닌, 작지만 의미 있는 선물을 찾아보세요. 작으면 곁에 지니고 있기도 좋고, 의미가 있는 선물은 소중히 간직하게 됩니다.

3. 내 마음을 표현할 수 있는 것을 찾아보세요
친구를 좋아하는 마음을 담을 수 있는 선물을 골라보세요. 선물 포장을 여는 순간, 미소가 지어질 것입니다. 선물에 손으로 쓴 편지를 함께 넣는 것도 좋은 방법입니다.

10

사람들은 어떤 목소리를 좋아하나요?

어떤 사람의 인상을 결정짓는 것은 옷차림, 행동, 목소리라고 합니다. 어떤 목소리로 대화를 해야 상대방에게 좋은 인상을 줄 수 있을까요? 무조건 큰 목소리로 사람들의 관심을 끄는 것이 최선일까요?

"자, 어서 많이 먹어! 지금 아니면 언제 이런 거 먹어보겠냐!"

"허허, 그러네! 자네 덕분에 호강하네."

나경이네 가족은 오랜만에 고급스러운 레스토랑에서 식사를 하고 있었습니다. 그런데 옆 테이블 사람들이 레스토랑이 떠나가라 큰 목소리로 떠들고 있었던 것입니다. 레스토랑에 있던 다른 사람들도 그 테이블에 앉은 사람들에게 눈치를 줬지만 아는지 모르는지 계속 우렁찬 목소리로 대화를 이어갔습니다. 레스토랑 종업원이 조금 조용히 해달라고 정중히 부탁했지만, 오히려 그 종업원에게 면박을 주면서 더 큰 소리로 떠들어댔습니다.

단정하고 깔끔한 옷차림의 노신사가 버스에 올라탔습니다.

"어이! 자네 요즘 잘 지내나? 언제 한번 봐야지!"

노신사가 통화하는 목소리가 버스 전체에 울려 퍼졌습니다. 몇몇 사람들이 눈살을 찌푸리며 돌아보았지만, 노신사는 아랑곳하지 않고 계속 큰 소리로 통화했습니다. 노신사의 첫인상은 좋았지만, 큰 목소리로 통화하는 것을 들으니 어디서나 함부로 행동하고 다른 사람에게 민폐를 끼치는 일을 아무렇지 않게 잘할 것 같은 느낌이었습니다. 사실 목소리의 크기도 장소나 상황에 따라서 다르게 해야 합니다. 조용히 해야 할 곳에서 목소리를 크게 낸다면 매너 없는 사람으로 취급 받을 수 있으니 항상 조심해야 합니다.

아무리 고급스러운 곳에서 비싼 식사를 한다 해도, 다른 사람에게 피해를 준다면 품격 있는 행동이 아닙니다. 품격이란 지위와 배경에서 나오는 것이 아니라 그 사람의 행동에서 나오기 때문입니다. 버스나 지하철, 기차 등 대중교통을 이용할 때에 큰 소리로 전화 통화를 하거나 대화하는 모습을 가끔 볼 수 있습니다. 하지만 공공장소에서는 상대방이 들을 수 있을 정도로만 작게 말하는 것이 예의입니다.

반대로 많은 사람들 앞에서 발표해야 하는 경우엔 모두 들을 수 있도록 큰 소리로 발성해야 합니다. 반에서 발표할 때 바로 옆자리에 앉아 있는 친구도 들리지 않을 만큼 작게 말하는 친구들이 있습니다. 이런 경우 어떤 내용을 발표하는지 알 수도 없고, 자신감이 없어 보이기도 합니다.

친구들과는 어떤 목소리로 얘기해야 할까요? 대화 상대방이 들릴 정도로만 얘기하는 것이 원칙입니다. 선진국의 부모님들은 아이들이 말을 시작하고 배울 때 목소리의 크기에 대해서 교육을 한다고 합니다. 소음도 아니고, 속삭이는 것도 아닌 적당한 목소리를 내는 것! 매력적인 사람이 되는 첫걸음이 될 수 있습니다.

TIP 상황이나 장소에 따른 목소리 크기

도서관, 독서실, 영화관, 극장 : 목소리 볼륨 0
말할 내용은 복도나 휴게실에 가서 하거나 메모지, 연습장에 글로 써서 대화한다.

대중교통, 버스, 지하철, 기차, 비행기 : 목소리 볼륨 5
소곤소곤 귀에 입을 가까이 대고 속삭이듯이 대화한다.

카페, 식당, 공원, 길거리 : 목소리 볼륨 9
대화 상대방만 들릴 정도로 자연스럽게 대화한다.

콘서트홀, 노래방, 운동경기장 : 목소리 볼륨 20
즐겁게 호응하면서 있는 힘껏 즐겁게 대화한다.

※ 나의 목소리 볼륨

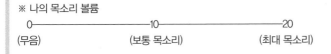

0 ──────────── 10 ──────────── 20
(무음)　　　　　　　(보통 목소리)　　　　(최대 목소리)

5장

이성교제가 나쁜 건가요?

멋진 남친, 사랑스러운 여친이 되는 방법

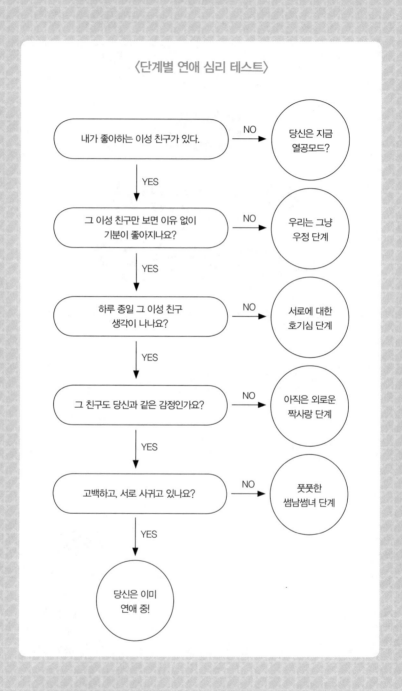

〈단계별 연애 심리 테스트〉

내가 좋아하는 이성 친구가 있다. —NO→ 당신은 지금 열공모드?

YES↓

그 이성 친구만 보면 이유 없이 기분이 좋아지나요? —NO→ 우리는 그냥 우정 단계

YES↓

하루 종일 그 이성 친구 생각이 나나요? —NO→ 서로에 대한 호기심 단계

YES↓

그 친구도 당신과 같은 감정인가요? —NO→ 아직은 외로운 짝사랑 단계

YES↓

고백하고, 서로 사귀고 있나요? —NO→ 풋풋한 썸남썸녀 단계

YES↓

당신은 이미 연애 중!

〈멋진 남친 자격 테스트〉

	그렇다	잘 모르겠다	아니다
1 외모는 항상 단정하게 관리하고 다닌다.	☐	☐	☐
2 이야기할 때는 주로 듣는 편이다.	☐	☐	☐
3 목소리가 크지 않고, 차분하다.	☐	☐	☐
4 여친과 만날 때 휴대전화를 꺼놓을 수 있다.	☐	☐	☐
5 약간 불편하더라도 단정한 스타일의 옷을 선호한다.	☐	☐	☐
6 출입문에서 뒷사람을 배려해 문을 잡아준다.	☐	☐	☐
7 자기 자랑보다 상대방을 칭찬하는 말을 더 많이 한다.	☐	☐	☐
8 재미있는 이야기를 많이 알고 있다.	☐	☐	☐
9 항상 자신감 있게 행동한다.	☐	☐	☐
10 실패하면 포기하지 않고 성공할 때까지 도전한다.	☐	☐	☐
11 동성 친구들보다 혼자 다니는 것이 편하다.	☐	☐	☐
12 여친이 스킨십을 거부한다면, 의견을 존중해준다.	☐	☐	☐

결과보기

체크한 결과의 점수를 모두 합산해 주세요.

그렇다(2점), 잘 모르겠다(1점), 아니다(0점)　　　　　　_____점

24 인기남	20~23 훈남	10~19 볼매	5~9 보통	0~4 노력이 필요
축하합니다! 은근 여자들에게 인기 많은 스타일.	누구에게나 호감을 얻을 수 있는 인기남이네요.	나름 여친을 사귈 수 있는 볼매 스타일	여자를 배려하는 노력이 필요합니다.	당신은 혹시 루저?

〈사랑스런 여친 자격 테스트〉

	그렇다	잘 모르겠다	아니다
1 외모는 항상 깔끔하고 단정하게 관리한다.	☐	☐	☐
2 상대방의 말에 리액션을 잘해준다.	☐	☐	☐
3 잘 웃는 편이다.	☐	☐	☐
4 호기심이 많다.	☐	☐	☐
5 항상 대화에 집중한다.	☐	☐	☐
6 맡은 일은 미루지 않고 성실하게 책임진다.	☐	☐	☐
7 남자 앞에서 약한 척 하는 건 가식이라 생각한다.	☐	☐	☐
8 걸음걸이가 느린 편이다.	☐	☐	☐
9 누군가를 잘 챙겨주는 성격이다.	☐	☐	☐
10 나에게 도움을 청하면 잘 도와준다.	☐	☐	☐
11 음식을 가리지 않고 잘 먹는다.	☐	☐	☐
12 '신데렐라'보다 '평강공주'가 더 멋있다고 생각한다.	☐	☐	☐

결과보기

체크한 결과의 점수를 모두 합산해 주세요.

그렇다(2점), 잘 모르겠다(1점), 아니다(0점)   _____점

24 러브리걸	20~23 훈녀	10~19 볼매녀	5~9 보통	0~4 노력이 필요
축하합니다! 남자들이 좋아하는 러블리한 인기스타네요.	누구에게나 호감을 얻을 수 있는 훈녀 스타일이에요.	알고 보면 볼매녀. 마음만 먹으면 남친이 생겨요!	남자들은 의외로 주관이 뚜렷한 여자를 좋아한답니다.	연애의 시작은 자기관리에서부터.

사랑과 호기심을 어떻게 구별하나요?

좋아하는 이성 친구가 눈앞에 지나가면 마음이 두근두근, 나도 모르게 떨립니다. 이 두근거림은 사랑일까요, 아니면 단순한 호기심일까요? 사랑과 호기심을 판별할 수 있는 방법이 있을까요?

소진이는 요즘 고민이 생겼습니다. 같은 학교 남자아이에게 특별한 감정을 느끼기 시작했기 때문입니다. 처음에는 그냥 친구일 뿐이라고 생각했는데 어느 순간부터 그 남자아이가 계속 생각나기도 하고, 때로는 마냥 보고 싶어지기도 했기 때문입니다. 이러한 감정을 처음 느껴보는 소진이는 '내가 이상해진 걸까? 다른 아이들도 나와 비슷한 감정을 느끼는 걸까?' 하는 궁금증이 생겼습니다. 그래서 평소 고민 상담을 했던 언니를 찾아가서 물어보았습니다.

"언니. 나 요즘 좋아하는 사람이 생긴 것 같아. 마음이 평소랑 많이 달라서 머릿속이 복잡해. 나 지금 사랑하는 건가? 아니면 호기심? 지금 감정이 무엇인지 헷갈려. 처음 느껴보는 느낌? 언니가 좀 알려주었으면 좋겠어."

언니는 미소를 지으면서 잠시 생각해 본 다음 입을 열었습니다.

"소진아, 네가 좋아하는 남자아이가 있는데 이게 사랑인지 호기심인지 헷갈린다는 얘기지? 언니 생각에는 아직 '사랑'보다는 '좋아한다'에 더 가까운 거 아닐까? 청소년기는 아직 사랑을 배워가는 단계이기도 하고."

소진이는 또 궁금한 점이 생겼습니다.

"음. 그럼 언니, 지금 내 상태가 정상적인 거야?"

"그럼! 청소년이 되면 누구나 느끼는 자연스러운 반응이야. 다른 친구들의 연애 이야기나 사랑 이야기도 궁금하고 그러지 않니?"

"맞아, 정말 그래."

"다른 아이들은 어떤 감정으로 연애하는지 궁금하기도 하고, 로맨틱한 사랑 이야기가 좋아지기도 하고. 이건 너무 당연하고 좋은 현상이야. 언니는 청소년들이 사랑하는 것에 대해서 긍정적으로 생각해. 연애하면 공부 못한다는 어른들 말도 있는데, 긍정적인 영향도 무시하지 못하거든. 그런데 요즘 너 같은 청소년들 보면 외로움이 큰 부분을 차지하기도 하더라."

"맞아. 요즘 부쩍 외롭다는 느낌이 들어."

"부모님과 가족들 사이에서만 생활하다가 처음으로 이성 친구를 만나게 되면 새로운 감정을 느끼게 되지. 가족과 보내는 시간보다 친구랑 보내는 시간이 많아지게 되고, 또 혼자 생각하는 시간도 늘어나게 됐지? 그래서 외롭기도 하고 기댈 수 있는 상대를 찾게 되기도 하는 거야."

"응. 그런데 그거랑 사랑이랑 무슨 관계지?"

"그걸 사랑이라 느낄 수도 있다는 거지. 때로는 내 외로움을 채워
주는 것을 사랑으로 느끼기도 하거든. 그렇다고 이게 나쁘거나 이
상한 현상은 아니야. 이게 다 소진이 네가 어른이 되어간다는 증거
아닐까? 그동안의 생각들을 잘 정리해봐. 하지만 언니가 생각하기
에는 소진이 너의 상태는 사랑보다 외로움이나 호기심일 확률이
더 큰 거 같아."

스스로 생각할 수 있는 능력이 발달하게 되면, 이성에 대해 새로운
관심과 흥미를 가지게 됩니다. 청소년기에 새로운 이성을 만나게 되
면 그게 사랑일까 호기심일까 고민하기도 합니다. 아직 사랑이라는
감정을 느껴본 적이 없으니 감정을 정리하기가 어려운 것입니다. 청
소년기에는 2차 성징으로 인한 호르몬의 변화로 몸뿐만 아니라 마음
에도 많은 변화가 일어나게 되지요. 그러면서 새로운 감정들을 느끼
기도 하고, 더 풍부한 감수성도 샘솟게 됩니다.

청소년기의 사랑은 책임감보다 친밀감이나 호기심 부분이 더 크게
작용한다고 볼 수 있습니다. 진정한 어른들의 사랑에는 자기 희생과
책임감이 따르기 마련입니다. 그래서 어른들은 이런 강한 책임감을
바탕으로 결혼도 하고 성관계도 맺는 것입니다. 하지만 청소년기의

사랑은 호기심이란 부분이 더 크다고 말할 수 있지요. 내가 지금 어떤 감정을 느끼고 있고, 어떤 부분에 더 민감한지 생각해보세요. 그러면 사랑에 대한 나 자신의 감정을 정확하게 알 수 있을 것입니다.

02

어른들은 왜
이성교제를 말리나요?

이성 친구와 만나 연애를 하면 서로에게 어떤 도움이 될까요?
동성 친구와는 다른 새로운 것들을 알게 되고 배울 수 있을까요?
또 나쁜 점은 무엇이 있을까요?

"빈아, 너 윤섭이랑 사건 지 1년이나 됐다며?"

"응! 시간 진짜 빠르다. 나 300일 넘게 사귄 적은 이번이 처음이야."

"나도 남친 사귀고 싶은데, 성적이 떨어질까 걱정도 되고 겁나서 못하겠어."

"난 뭐 공부 안 하니? 겁내지 마. 남자 친구를 만들면 좋은 점도 많아."

"진짜? 뭐가 좋은데?"

"항상 든든한 내 편이 있는 것 같은 느낌? 나도 처음엔 너처럼 공부에 방해될까봐 꺼려졌는데 오히려 도움 되는 부분이 많아."

"어떤 점이 그래?"

"독서실 다닐 때 심심하지 않아서 좋고, 서로가 공부한 것을 공유해서 성적도 좋아졌어."

"어? 공부에 도움이 될 거라고는 생각도 못 했는데. 의외로 좋은 점도 있네. 빈아, 그런데 사실 연애하느라 성적 떨어진 애들도 많잖아?

"나도 처음엔 좀 그랬어. 그런데 같이 공부해서 좋은 대학 가고 싶다고 생각하니까, 오히려 공부가 잘되더라. 훌륭한 남편으로 만들고 싶기도 하고. 내 꿈이 너무 큰가? 아! 그리고 예전에는 친구인 너에게도 말 못하는 고민이 있었어. 친구들 문제도 있고 부모님과의 대립 문제도 많았었는데, 윤섭이랑 이야기하다 보니까 마음도 후련해지고 뭔가 해결책도 생기는 것 같았어. 무엇보다 내 편이 있다는 사실이 너무 좋아. 마음이 딱 안정되는 느낌이야!"

"아하, 윤섭이가 상담도 해주는 거네? 서로 상담도 해주고 이야기도 들어주면 정말 좋겠다."

"윤섭이랑 데이트를 하면서 학교에서 받는 스트레스를 풀기도 해. 대화도 많이 하고, 맛있는 것도 먹으러 다니면 기분전환이 되거든."

"와! 부럽다. 너희 완전 서로 도움이 되는 커플이네?"

"그리고 새롭게 알게 된 점도 있어!"

"뭐야 뭐야? 빨리 말해봐!"

"남자 친구가 생기니까 남자에 대한 호기심이 많이 없어지게 된 것 같아. 솔직히 윤섭이랑 결혼할지는 아직 모르겠는데, 나중에 어떤 남자랑 결혼하면 좋을지 미리 생각해 보게 돼. 그리고 남자들의 생각을 좀 더 이해할 수 있게 되었지. 윤섭이도 나랑 사귀면서 여자를 더 지켜주고 아껴주고 싶다는 생각이 들었다고 했어."

"우와! 남친 사귀면 단점보다 장점이 훨씬 많네! 그동안 겁나서 피하려고만 했는데, 빈이 네 이야기 들으니까 용기가 난다. 고마워! 나도 얼른 좋은 남자 친구를 사귀고 싶다!"

청소년 이성교제는 이제 일상적인 것이 되어가고 있습니다. 하지만 어른들은 그것과 달리 청소년들의 이성교제는 외로움을 해결하기 위한 자기 위안적 특징을 가지고 있습니다. 핵가족과 맞벌이와 같은 사회적 현상 때문에 불가피하게 생겨난 것으로 해석할 수도 있습니다. 그럼에도 아직 많은 부모님은 공부나 성적이 중요하다고 생각하기 때문에 자녀가 연애하는 것에 대해 부정적인 시각을 가지고 있습니다.

만약 부모님이 무작정 자녀의 의견을 무시하고, 어른들의 의견만을 강요한다면, 청소년들은 부모님과 더 멀어지게 되고 심지어 이성 친구를 만나기 위해 거짓말을 할 수도 있습니다. 반면 부모님이 청소년의 건전한 이성교제를 인정해주고 지지해준다면, 아이들은 오히려 부모님에게 더 긍정적이고 좋은 모습만 보여주려 노력할 것입니다. 농경이 기반이었던 전통사회에서는 청소년들의 이성교제가 금기시되었던 것이 사실입니다. 하지만 정보화 사회의 청소년들에게 이성교제는 더욱 많은 긍정적인 가치를 제공하기도 합니다.

요즘 우리 청소년들의 이성교제는 외로움을 달래는 정서적인 측면이 가장 크다고 볼 수 있습니다. 청소년 우울증이나 자살은 모두 외로움과 고립감이 결정적인 원인으로 작용합니다. 그러므로 청소년들의 이성교제는 상당 부분 그들의 생명을 지켜주는 안전망과 같은 역할을 합니다.

또 이성 친구를 사귀면서 서로에 대한 배려와 관심을 배울 수 있습니다. 특히 형제나 자매가 없거나 소수인 요즘의 가족 구성을 고려해 볼 때 이성교제는 연애라는 감정 이전에 사람과 사람이 만나는 관계로 이해해야 할 것입니다. 대화와 소통을 통한 교감은 어쩌면 우리 청소년 아이들이 바라고 있는 가장 기본적인 행복의 조건일 것입니다.

멋진 남친이 되고 싶어요

03

남자 청소년이라면 모두가 여자 친구들의 관심을 받고 싶어
할 것입니다. 여자들은 어떤 남자를 좋아할까요?
인기 있는 남자가 되기 위한 방법엔 어떤 것이 있을까요?

태호 주위에는 항상 여자아이들이 많습니다. 여자아이들은 '태호
는 멋있어', '태호 같은 남자 친구를 만나고 싶다'고 이야기합니다.
그런데 기범이는 도대체 왜 그런지 이해가 안 됩니다. '왜 모두들
태호를 좋아할까? 얼굴이 뛰어나게 잘생긴 것도 아니고 키가 큰
것도 아닌데 말이야.' 기범이는 태호의 행동을 살펴보기로 했습니
다. 태호는 왜 여자아이들한테 인기 있는 남자가 되었을까요?

먼저 외모에서 첫 번째 힌트를 얻을 수 있었습니다. 바로 '단정함'
입니다. 태호의 얼굴이 잘생긴 편은 아니지만 항상 깨끗하게 정돈
된 머리와 단정한 옷차림을 하고 있었습니다. 태호의 운동화 역시
깔끔하게 손질되어 있었습니다. 유난스럽게 깔끔한 척하는 스타

일은 아니지만 태호의 이미지는 늘 단정하다는 것을 알게 되었습니다.

그리고 두 번째 힌트는 태호가 다른 아이들과 하는 대화에서 찾아볼 수 있었습니다. 보통 남자들은 여자들이 좋아하는 연애나 드라마, 친구 관계 같은 것에 관심이 없는데, 태호는 오히려 이런 이야기를 함께 하는 것을 꺼리지 않았습니다. 여자아이들의 이야기를 잘 들어주고 공감해주는 것 같았습니다. 여자아이들은 이야기를 하면서 스트레스를 푼다고 하던데, 그 말이 맞는 것 같았습니다.

기범이는 조용하고 말주변도 없고 낯가림이 심해서, 내 이야기를 남들에게 하는 것에 대해 거부감을 가지고 있었습니다. 그런데 태호는 항상 자신감이 있는 아이였습니다. 어디서나 당당하게 자기 생각을 제대로 표현하면서 이야기할 줄 알았습니다. 태호는 분명히 자신감이 있는 아이였지만 강할 때와 약할 때를 분명히 아는 친구로 보였습니다. 허세를 부리는 모습도 보이지 않고 자신의 도움이 필요한 친구에게는 기꺼이 도움을 주었습니다.

그리고 태호에게서 특별한 습관을 발견했습니다. 대부분 친구는 언제나 손에 스마트폰을 들고 있습니다. 다른 사람들과 이야기할 때도 손에서 스마트폰을 놓지 못합니다. 기범이도 역시 친구들과 이야기할 때 스마트폰에 집중하는 습관이 있습니다. 문자메시지나 SNS 알림 소리가 나면 상대방의 이야기는 듣지 않고 그 내용을 확인하기 바쁩니다.

그런데 태호는 친구들과 이야기할 때 스마트폰을 전혀 사용하지 않았습니다. 항상 친구와 눈을 맞추며 이야기에 귀를 기울이는 모습을 자주 볼 수 있었습니다. 이러한 모습은 진심으로 상대방에게 관심을 가지고 있으며, 상대방을 존중해준다는 느낌을 주었습니다. 같은 남자인 친구들이 보아도 멋진 모습이었습니다. 태호의 이런 좋은 모습들이 여자아이들에게 매력적으로 보였겠다는 생각도 들었습니다.

겉모습이 훤칠하고 멋있다면 좋겠지만, 외모는 그 사람의 전부가 아닙니다. 외모만큼 성격도 중요합니다. 내성적이거나 말주변이 없고 낯가림이 심한 성격을 가진 남자를 여자아이들은 좋아하지 않습니다. 흔히 남자들은 여자들의 마음을 얻는 것이 어렵다고 생각합니다. 그렇지만 여자도 나와 같은 사람이기 때문에 깊이 생각해보면 어렵지 않게 그 해답을 찾을 수 있습니다. 여자들은 상냥하고 성실하며 착한 남자 친구를 바라기도 하지만, 한편으로는 강하고 씩씩한 사람을 원합니다. 여자는 신체적으로 남자보다 약한 경우가 많으므로 무의식적으로 보호받고자 하는 심리를 가지고 있기 때문입니다. 그리고 대부분의 여자는 매너와 배려심이 좋고 믿음직한 사람을 좋아합니다.

남녀 사이에 신뢰감이 없으면 대화조차 불가능하다고 볼 수 있습니다. 어떤 사람을 만나든지 그 사람에 대한 신뢰감과 믿음이 없으면 그 관계는 지속될 수 없습니다. 그 사람이 하는 이야기가 다 거짓말 같다면 누구나 점점 마음이 멀어지게 마련입니다.

여자들은 배울 점이 많은 남자에게도 매력을 느낀다고 합니다. 허세가 없는 남자, 그리고 말뿐만이 아닌 행동으로 옮길 수 있는 남자를 좋아합니다. 미래가 없어 보이는 남자는 매력도 없어 보입니다. 놀 때는 놀고 공부할 때는 열심히 공부하는 모습을 보여주는 것이 중요합니다.

사랑스러운 여친이 되고 싶어요

주위를 보면 내가 이상형으로 생각하고 있는 멋있는 남자 친구와 사귀는 친구를 본 적이 있을 거예요. 그 친구는 그다지 예쁜지도 않은데 어떻게 멋있는 남자친구를 만나게 되었을까요?

우리 반 남자아이들은 거의 대부분 유진이를 좋아합니다. 그래서 남자아이들에게 물어보았습니다. 유진이의 어떤 모습에 매력을 느끼는지 말입니다.

"민석아, 우리 반 유진이는 왜 남자애들한테 인기가 많을까?"

"너 그거 정말 몰라서 물어?"

"응! 이야기해줘. 어떤 모습에 남자애들이 끌리는지 알고 싶어."

"너희들은 남자애들이 예쁜 여자만 좋아한다고 생각하지? 그런데 유진이는 아주 예쁘지는 않잖아?"

"그러니까 말이야."

"남자애들은 예쁜 얼굴만으로 여자를 좋아하지 않아."

"왜? 남자들은 무조건 예쁘면 좋아하는 거 아냐? 예쁜 연예인 다들 좋아하잖아."

"그거야 연예인이니깐 그렇지. 만약에 내 여자 친구라면 얼굴만 보고 만나지는 않지. 외모도 중요하지만, 마음이나 성격도 생각해야 하니까. 성격 더러우면 여친으로 하기 좀 꺼려지잖아. 그런 점에서 유진이가 인기가 있는 거야. 우리 반 남자애들 보면 처음에는 예쁜 혜령이를 좋아했다가 시간이 갈수록 유진이에게 매력을 느끼는 애들이 많아."

"그러네. 학기 초에는 혜령이가 완전 인기 있었는데. 요즘에는 별로인 듯. 공감!"

"혜령이는 진짜 진짜 예쁜데, 혜령이랑 몇 번 이야기해보면 많이 깨게 되더라고."

민석의 이야기를 듣고 있으니 궁금한 점이 점점 많아졌습니다. 도무지 남자들을 이해할 수가 없었습니다. 남자들이 외모보다 중요하게 생각한다는 내적인 모습은 무엇일까요? 예쁘면 무조건 좋다고 하더니 이제는 예쁜 걸로도 안 되나 봅니다.

"예쁘면 좋다더니. 또 뭘 더 갖고 있어야 하는데?"

"잘 웃어주고 내 말에 귀 기울여 주면서 반응 잘 해주는 것. 유진이가 그걸 잘하잖아. 항상 잘 웃어주고. 유진이가 화내거나 짜증내는 거 난 한 번도 못 본 거 같아. 그리고 내숭도 부리지 않고 약한 척하지도 않고, 힘든 일 있어도 그냥 자기가 다 하려고 하고. 그런데 혜령이는 자기 얘기만 하고 짜증도 잘 내니까 부담스러워."

"그럼 그것 말고, 남자아이들이 싫어하는 여자의 행동엔 또 뭐가 있어?"

"여자 친구와 있을 때랑 남자아이들과 있을 때의 모습이 다른 여자도 싫어. 너무 이중적인 것 같거든. 그리고 다른 사람을 욕하고 무시하거나 예의 없는 여자도 싫어."

"야, 여자들은 자연스럽게 그렇게 돼. 여자들끼리 있을 때는 목소리도 달라지고."

"그래도 어느 정도지, 너무 심하면 오히려 마이너스야."

"참 어렵다!"

"어렵긴, 남자들은 원래 그래. 그리고 남자들은 칭찬에 약해. 칭찬받으면 자신감도 생기고 기분이 좋아지거든. 칭찬해 주는 부분에 대해서 더 잘해야겠다는 생각도 들고."

"앞으로 칭찬 많이 해줘야겠네."

"그래. 사소한 것도 좋아. 칭찬해주는 사람을 싫어하는 사람은 없잖아? 뭐 이만하면 남자애들한테 인기 있는 방법은 다 알았지? 유진이가 그런 조건을 다 갖고 있어서 인기가 많은 거야."

"그래. 나도 유진이처럼 해봐야겠다. 만약 아니면 민석이 너 가만 안 둔다!"

"야! 너 그 성격부터 죽여라."

남자들에게 인기 있는 여자가 되기 위해서 외모만 꾸며서는 안 됩니다. 물론 예쁘면 좋겠지요. 하지만 예쁘기만 하고 성격이 좋지 않은 여자와 만날 수 있을까요? 사실 남자들은 예쁜 여자보다는 편안한 여자를 더 좋아한다고 합니다. 남자의 이야기를 잘 들어주며, 마음이 잘 통하고 따뜻한 여자를 좋아합니다.

무조건 처음부터 남자에게 의지하는 것보다 내가 할 수 있는 것을 먼저 하고, 도움이 필요한 부분은 도움을 요청할 줄도 알아야 합니다. 찡그린 얼굴보다는 웃는 얼굴로 남자 친구에게 인사하고 친절하게 대해주면 남자아이들의 관심을 한몸에 받게 될 것입니다.

상냥함은 여자가 가질 수 있는 가장 강력한 도구입니다. 남자 중에는 자신감이 없고 여자가 거절할까봐 먼저 고백을 못 하는 스타일도 많이 있습니다. 먼저 남자에게 다가갈 줄도 아는 멋진 여자가 되어보세요. 먼저 말을 걸고, 먼저 인사해준다면 멋진 남자 친구를 사귈 수 있을 것입니다.

남자들은 왜
스킨십을 좋아할까요?

결과를 중요하게 생각하는 남자와 과정을 중요하게 생각하는
여자는 스킨십(skinship)을 하면서 느끼는 감정이 각자 다르답니다.
스킨십을 할 때, 남자와 여자가 느끼는 감정과 기분은
어떤 차이가 있을까요?

"상담쌤, 저 고민이 있는데 들어 주실 수 있어요?"

"그래, 무슨 일이니?"

"쌤, 제가 처음으로 남자친구가 생겼는데요. 걱정거리가 생겼어
요. 남친이 자꾸 내 몸을 만지려고 해요."

"뭐, 만진다고?"

"네. 그게 막 그러는 건 아니고. 아, 그러니까 점점 스킨십이 심해
져요. 얘가 다른 여자애들이랑 많이 사귀어봐서 그런지 모르겠는
데, 저는 남친 사귀는 것도 처음이고 그래서 겁도 나고 조심스럽
고, 이게 맞는 건지 궁금하기도 하고, 그냥 막 복잡해요."

"음, 우리 현주가 걱정이 많구나?"

"네. 처음 남친 생겨서 좋았는데 이렇게 막 만지고 그러면서부터

무서운 마음이 들어요. 처음에 손잡고, 팔짱 끼고 그럴 때는 설레기도 하고 좋은 느낌도 들었어요. 그런데 남친이 점점 바라는 게 많아져요."

"음. 남친의 스킨십이 점점 심해진다는 얘기지?"

"맞아요. 어떤 때는 '이러려고 나를 만나는 건가?' 하는 생각도 들어요. 저는 아직 스킨십 같은 거 할 마음도 없고 준비도 안 돼 있거든요. 그냥 같이 있는 것도 행복한데. 서로 대화하고 바라봐주고 그러는 게 더 좋은데, 남친은 안 그런가 봐요. 이게 은근 스트레스예요."

"그래, 보통 남자친구들이 여자 친구들보다 스킨십을 더 좋아하지. 그리고 우리 여자 친구들은 스킨십을 통해서 서로에 대한 감정을 확인하려고 하는데, 남자들은 스킨십을 목적으로 연애하기도 한단다. 현주 남친이 잘못된 게 아니라 남자들이 가지고 있는 자연스러운 속성이야. 그런데 그 정도가 심하다면 문제가 있지."

"슬퍼요. 왜 남자들은 스킨십에 집착할까요?"

청소년뿐만 아니라 대학생 커플들 사이에서도 이러한 고민은 흔합니다. 남자와 여자는 스킨십에 대해 분명히 다른 생각을 갖고 있습니다. 어느 정도 연애의 감정이 무르익으면 자연스럽게 스킨십을 시도하게 됩니다. 보통 가벼운 터치나 손잡는 행동들이 그것이죠.

그런데 일반적으로 남자들은 이런 가벼운 스킨십을 '시작'이라고 생각합니다. 그래서 마치 게임에서 등급을 올리듯, 단계별로 스킨십을 진행하려고 합니다. 여자들이 생각했을 때는 사뭇 전투적이라고 할 수 있을 정도로 치밀합니다. 그리고 다음 단계의 스킨십으로 진행해 가면서 성취감과 만족감을 느낀다고 합니다. 더구나 남자들은 스킨십의 진도에 따라서 여친과의 관계가 발전해 나간다고 생각하는 경향이 강해서, 스킨십을 많이 하고 깊이 하면 더 많이 사랑하는 것이라고 착각합니다. 눈에 보이는 사랑의 결과물을 확인하고자 하는 것입니다.

반면 여자들은 친밀감을 느끼기 위해서 스킨십을 합니다. 손을 잡거나, 포옹하면서 사랑의 감정과 행복감을 느낍니다. 더 진도를 나가려고 하기보다는 지금의 스킨십에 만족하는 경향이 강합니다. 더 깊은 스킨십을 한다고 해서 그만큼 더 사랑한다고 생각하지 않는 것입니다. 여자는 스킨십보다는 따뜻한 말 한마디나 자신을 배려해 주는 행동 하나에 사랑을 확인하고 애정을 느낍니다. 신체적인 스킨십보다 마음의 교감으로 더 많이 감동하는 것입니다.

이렇듯 남녀는 분명히 스킨십에 관하여 다른 생각을 하고 있습니다. 어느 한쪽이 다른 한쪽을 강요하는 것보다 대화를 통해 서로가 원하는 것을 알아보고 양보하는 자세도 필요합니다. 만약 남자친구가 너무 심하게 스킨십을 요구한다면 어떻게 해야 할까요? 남친의 스킨십 요구를 들어주지 않는다면 남친과 헤어지게 될까봐 걱정이 되나요? 남자가 일방적으로 강요하는 것은 스킨십이라기보다는 폭력에 가깝습니다. 진짜 사랑스러운 스킨십은 일방적인 강요가 아니라 서로의 마음에서 우러나와야 합니다.

왜 연애는 대학 가서 하라는 걸까요?

어른들은 청소년기의 연애에 반대합니다. 연애는 대학 가서 해도 늦지 않는다고도 말합니다. 청소년 시기의 연애와 대학생이 되었을 때의 연애는 뭐가 다르기에 그렇게 말하는 걸까요?

예진이는 요즘 고민이 많습니다. 남친과 사귀고 싶은데, 부모님이 지금은 공부만 하고 대학 가서 연애하라고 강요하시기 때문입니다. 그래서 친한 언니를 붙잡고 하소연을 합니다.

"언니! 나 어제 엄마한테 연애하고 싶다고 말했다가 맞아 죽을 뻔했어!"

"야. 너 바보냐? 그 얘기를 왜 엄마한테 해?"

"몰라, 나도 모르게 말이 나와 버렸어. 그랬더니 엄마가 연애는 대학 가서 하래."

예진이는 어머니의 말씀이 도무지 이해가 되지 않았습니다.

"언니, 우리 엄마 왜 그럴까?"

"이 언니도 엄마랑 전쟁 몇 번 치렀어. 그런데 대학 다녀보니까 어른들이 왜 그렇게 말하는지 조금 이해가 가더라."

"헐! 언니도 똑같아. 실망이야."

"아니, 날 엄마랑 동급으로 생각하지 마. 언니가 자세히 이야기해줄게. 대학 가서 연애하면 좋은 점!"

"그게 뭔데?"

"지금 예진이는 우물 안에 있는 거라고 볼 수 있어. 중·고등학교는 우물, 대학은 바다라고 볼 수 있지. 우물 안에서는 만날 수 있는 사람들의 폭이 좁지. 근데 바다에 가면 다양한 사람들을 만나볼 수 있단 말이야."

"뭐야, 언니는 고등학교 때도 남자들 많이 만나봤잖아."

"그러니깐 청소년 때 사귀는 거랑 대학생이 되어서 사귀는 게 수준이 달라. 그리고 언니가 느끼는 게 하나 있는데, 중·고등학교 때 연애하는 것보다 대학교 때 연애하는 게 만족도가 좀 더 높았던 것 같아. 내가 연애를 할 수 있는 준비가 되어 있는 환경에서 연애를 하니까 상대방에게 해줄 수 있는 것도 많이 있었거든. 그리고 대학교 때 연애를 하면 확실히 서로에게 더 조심스럽게 대하는 것 같아. 그래서 서로에게 더 좋은 영향을 주었던 것 같기도 해."

"아, 이거 뭔가 언니도 고리타분한 이야기하는 거 같아."

"그래도 그게 사실인데 뭐. 넓은 세상에서는 다양한 사람들을 만날 수 있으니까 많은 사람을 만나보기도 하고 경험하고 겪어보면서 연애를 하는 게 더 재미있고 좋다고 생각해. 아마 그래서 어머니도 그렇게 말했던 거 아닐까? 왜냐하면 대학에 가면 사람 보는 눈도 생기고 더 멋진 남자들을 많이 만날 수 있으니깐. 어머니도 네가 좋은 사람을 만나 예쁘게 연애했으면 하는 바람에 그렇게 말하는 거야."

"언니 말은 알겠는데, 지금도 연애 예쁘게 할 수 있을 것 같단 말이야."

사춘기가 지나면 사람들은 누구나 설레는 사랑을 꿈꾸게 됩니다. 연애의 감정은 성장하면서 느끼는 자연스러운 것입니다. 당연히 빨리 연애도 해보고, 사랑도 해보고 싶습니다. 지금 청소년들은 사람을 만나는 것에 목말라하고 있습니다. 그러나 만날 수 있는 친구도 한정되어 있고, 만날 기회도 많지 않습니다. 친구들 간의 우정을 쌓기도 녹록치 않습니다. 더구나 애정결핍을 호소하고 관심병을 달고 사는 친구들도 많습니다.

이런 상황에서 이성교제는 관계에 대한 갈증을 없애주는 유일한 출구가 될 수 있습니다. 우리 청소년들의 연애는 호기심과 더불어 외로움을 달래고자 하는 측면이 강합니다. 부모에 대한 애정결핍이 심할수록 어린 나이에 이성교제를 시작하기도 합니다. 어른들이 청소년들의 연애를 반대하는 이유는 이런 사정을 잘 이해하지 못하기 때문입니다. 만약 우리 가족이 내게 관심을 표현했다면, 굳이 연애한다고 소란을 피우지도 않겠죠.

어른들이 생각하는 연애와 청소년들이 생각하는 연애는 다릅니다. 어른들이 생각하는 연애가 결혼이나 성숙한 사랑을 전제로 한다면, 우리가 지금 하고 싶어 하는 연애는 서로에 대한 관심과 외로움을 해소하고자 하는 마음에서 출발합니다. 진지한 연애는 어른들의 말처럼 대학이나 직장생활을 하면서 경험하는 것이 좋을지도 모릅니다. 성숙한 사랑을 바탕으로 한 연애는 더 달콤하고 짜릿하니까요. 청소년기의 연애는 가볍고 즐겁게 정서적 유대 관계를 형성할 수 있는 것만으로도 충분합니다.

▣ 연애 시기에 따른 애정 만족도

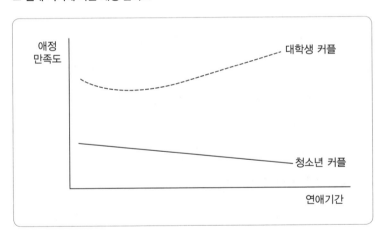

데이트 성폭력이 뭔가요?

요즘 데이트 성폭력이란 말을 많이 들을 수 있습니다.
데이트 성폭력은 뉴스에만 나오는 말이 아닙니다.
우리 주위에서 쉽게 볼 수 있는 현상입니다. 데이트 성폭력은
무엇이고, 어떻게 해야 미연에 방지할 수 있을까요?

상담센터에 찾아온 한 여학생의 사연입니다.

"저는 남친이랑 성관계하기 싫어요. 그런데 남자친구는 계속 같이 자자고 해요. 임신할 수도 있기 때문에 위험하기도 하고 무섭기도 해요. 저는 아직 마음의 준비가 되어 있지 않은 상태인데, 남친은 계속 요구하기만 해요. 저는 정말 하고 싶지 않아요."

"성관계를 거부했을 때, 남친 반응은 어때요?"

"막 화내요. 자기를 사랑하는 것 맞느냐고요. 그러면서 또 계속 요구하는데 안 들어주면 헤어지자고 할 것 같아 불안해요. 남친이 하자는 대로 해야 하나, 고민하고 있어요. 지금 남친이랑 헤어지기 싫거든요."

"남친이 또 어떤 이야기를 하나요?"

"다른 친구들도 다 하는 거라고 해요. 정말인지는 모르겠어요. 나는 조금 더 어른이 되어서 준비된 상태에서 하고 싶은데, 계속 재촉하는 남자 친구가 이제는 무섭기까지 해요."

또 다른 여학생의 애기입니다.

"지금 사귀는 남자 친구는 평소에 착하고 순해요. 별명이 순둥이예요. 성격도 차분해요. 그런데 화나면 저에게 무서운 말을 해요. 욕도 하고요. 꼭 나를 죽일 것 같아요."

"직접 때리기도 하나요?"

"네. 처음에는 욕하고 손에 들고 있던 물건을 집어던졌어요. 그런데 요즘에는 막 머리도 때리고 몸을 밀치기도 해요. 그런데 평소에는 정말 다정하고 착한 친구라서 화낼 때 모습은 무섭지만 참고 만나고 있어요."

"헤어지겠다는 생각은 안 해봤나요?"

"그럴 마음을 먹다가도, 그 친구의 착한 모습을 보면 마음이 약해져요. 그래서 못 헤어지겠어요."

데이트 성폭력은 데이트 상황에서 발생하는 성적인 학대뿐만 아니라, 말이나 분위기도 포함됩니다. 특히 수시로 욕을 하거나, 내 약점을 잡고 괴롭히는 것도 해당됩니다. 직접 때리지는 않지만, 위협적인 행동으로 공포 분위기를 조성하는 것도 데이트 성폭력입니다. 즉, 내가 원하지 않는 행동을 나에게 하는 것 모두가 데이트 성폭력이라고 볼 수 있습니다.

하지만 많은 여학생이 자신이 당한 행동들이 데이트 성폭력이라는 사실을 모르고 있습니다. 신체적인 폭력을 당한 게 아니므로 심각하게 생각하지 않는 경우도 있습니다. 언어적, 정서적, 신체적, 경제적 폭력 등이 모두 데이트 성폭력에 속합니다.

데이트 성폭력을 예방하기 위해서는 남녀 간에 서로 많은 대화가 필요합니다. 대부분 남자는 여자들의 행동이나 말을 잘못 해석해서 데이트 성폭력을 가하기도 합니다. 남자와 여자는 서로 말하는 방법이나 표정 그리고 말투가 미세하게 다르므로 많은 대화를 통해서 서로의 오해를 줄여야 합니다. 그리고 지금 데이트 성폭력을 당하고 있다면 부모님이나 선생님께 알려서 그 상황에서 벗어나야 합니다. 데이트 성폭력을 가하는 남자는 여자를 배려하는 마음이 없는 사람으로, 좋은 남자친구가 될 자격이 없다고 봐도 무방합니다.

TIP 데이트 성폭력 예방법

1. 폐쇄된 공간보다 열려있는 장소에서 데이트하기
2. 상대방과 대화하는 시간을 많이 가지고 성에 대한 내 생각을 충분히 전달하기
3. 상대방이 내가 싫어하는 행동을 했을 때 내 의견 확실하게 말하기('기분 나쁘니까 하지 매', '하기 싫어!' 등)
4. 나를 감시하고 간섭하고 집착하는 사람은 피하기
5. 데이트 비용은 공평하게 내기

청소년의 성매매는
어떻게 시작되는 걸까요?

성매매를 다른 말로 매춘(賣春)이라고도 합니다. 봄을 판다,
즉 인생에서 가장 아름다운 모습을 돈을 받고 판다는 의미를 갖고
있습니다. 그런데 왜 청소년들은 성매매의 덫에 걸리고 한번 시작되면
빠져나오지 못하는 걸까요?

"얘들아, 나 스마트폰 바꿨다."

"어머, 윤지! 나도 그거 사고 싶은데, 엄마가 비싸다고 안 된대."

"그럼 네가 돈 벌어서 사면 되잖아."

"야, 내가 어디서 그 큰돈을 벌어? 뭔 말도 안 되는 소리야?"

"있잖아 다정아, 너 채팅 알지?"

"채팅 모르는 사람이 어디 있어? 근데 왜?"

"아, 그런 채팅 말고! 저 말이야, 남자들이랑 얘기만 해주면 돈을
벌 수 있어! 나도 그래서 스마트폰 산 거야. 나름 쏠쏠해!"

"정말이야? 채팅만 하면 쉽게 돈을 벌 수 있단 말이지? 윤지야, 어
떻게 하면 되는지 나한테도 가르쳐줘."

그렇게 다정이는 채팅을 하기 시작했습니다. 처음에는 정말로 채팅만 했는데 돈을 벌 수 있었습니다. 그런데 상대방 남자가 얼굴만 보여 달라고 하기도 하고, 만나서 맛있는 거나 한번 먹자며 용돈을 주겠다고 하는 경우가 많았습니다. 그래서 그 남자들을 만나서 밥도 먹고 영화도 보고 용돈을 받을 수 있었습니다. 그리고 그 남자들은 다정이가 평소 가지고 싶었던 물건도 잘 사주었습니다. 다정이는 원하는 것들을 이런 식으로 가질 수 있다는 것이 신기했습니다. 한번 이렇게 빠져들자 헤어 나오기가 힘들었습니다. 다정이는 결국 모르는 남자에게 성매매까지 하게 되었습니다.

"저는 가출 청소년입니다. 제가 왜 성매매를 하게 되었는지 아세요? 어른들은 너무 쉽게 이야기합니다. 왜 부모님 말씀 안 듣고 집 나와서 이렇게 고생하느냐고. 그러면서 저를 구제불능인 불량 청소년으로만 취급합니다. 그런데 조금만 제 입장이 되어 생각해본다면 이런 이야기들을 함부로 하지 못할 것입니다."
작은 체구의 은경이는 단호하게 말을 이어갔습니다.
"저는 가출을 한 것이 아니라 집에서 탈출한 거예요. 집에서 엄마랑 아빠는 저한테 상처가 되는 말만 했어요. 집 같지도 않았어요. 저에게는 집이 쉼터가 아니라 지옥이었어요. 부모님과 한집에 있다는 게 무서웠어요. 집이라는 지옥에서 나오고 싶어 제가 마지막으로 선택한 방법이 가출이에요."
은경이가 바라는 것은 특별한 것이 아니었습니다. 오히려 너무 평범하고 단순한 것들이었습니다.

"저도 다른 친구들처럼 공부도 열심히 하고 평범하게 살고 싶었어요. 그런데 저는 당장 돈이 필요했어요. 처음 성매매를 해서 돈을 벌었을 때는 큰돈을 벌 수 있어서 좋았어요. 그 돈으로 할 수 있는 재미있는 일들도 많이 있었고 엄마 아빠 도움을 받지 않아도 됐으니까요. 그런데 시간이 지날수록 몸도 마음도 지치고 상처가 커졌어요. 그런데 이제는 돌아갈 수가 없어요. 저도 평범하게 살고 싶어요. 애초에 시작하지 않았더라면, 아니 좋은 부모님을 만났더라면 좋았겠죠. 지금은 많이 후회해요. 그렇지만 이제 어쩔 수 없잖아요."

청소년 성매매는 대부분 온라인이나 SNS를 통해 이루어진다고 합니다. 지금은 누구나 인터넷이나 SNS를 자유롭게 이용할 수 있으니, 그만큼 성매매의 위험에 빠질 수 있는 확률도 높아졌다는 뜻입니다. 손쉽게 많은 돈을 벌 수 있다는 호기심에 성매매를 시작하는 아이들도 있고, 또 어쩔 수 없이 돈이 필요해서 성매매를 시작한 가출 청소년들도 있습니다. 성매매는 청소년들에게 최선의 선택이 아니라 최후의 선택이 됩니다.

그런데 가장 큰 문제가 되는 것은 그것이 성매매인지도 모르고 성매매를 하는 경우도 있다는 것입니다. 질이 나쁜 어른들은 성매매하고 나서 진심으로 사랑했다는 말로 범죄 사실을 덮어버리기도 합니다. 성매매는 여러분에 대한 사랑이나 관심이 아니고, 가장 아름다운 청소년기의 몸과 마음에 피멍이 들게 하는 범죄입니다.

피임은 왜, 어떻게 해야 하나요?

09

피임이란 임신을 피한다는 뜻으로 연애할 때는 물론 결혼생활을 할 때도 꼭 알아야 할 중요한 내용입니다. 피임약은 무엇이고, 어떻게 사용하는 것이 올바른 사용법일까요?

"예슬아, 오늘 성교육 재미있었지?"

"근데 미수야, 나 사실 오늘 충격 받았어."

"응? 뭐가?"

"그동안 엄마가 공부하는 데 도움 된다고 시험 기간에 먹으라고 해서 준 약이 있었어. 난 그냥 비타민 같은 건가 했거든. 근데 오늘 보니까 그게 피임약 같아."

"뭐라고? 네가 그동안 피임약을 먹었다는 거야?"

"그런데 엄마가 무슨 생각으로 나한테 피임약을 줬는지 모르겠어. 집에 가서 엄마랑 얘기해봐야겠다."

일부 부모님들은 시험 기간에 아이가 생리를 할 경우, 호르몬 변화로 인해 시험 공부에 방해가 된다고 생각합니다. 그래서 비타민이나 영양제라고 말하고 피임약을 주는 경우가 있습니다. 사실 피임약은 호르몬을 조절하여 생리 주기를 변경시키는 약입니다. 그러므로 아직 신체적으로 성숙하지 못한 청소년들이 피임약을 자주 먹을 경우 부작용의 위험성이 아주 큽니다. 피임약으로 인하여 여드름이 증가하거나, 메스꺼움을 느낄 수 있으며 심리적 불안감이나 우울감이 증가하기도 합니다. 공부하는 컨디션을 유지하기 위해 피임약을 먹는다는 것은 매우 어리석은 일이 아닐 수 없습니다.

청소년들이 성(性)을 접하는 경로는 많아지고, 성관계를 경험하는 나이는 어려지고 있습니다. 그런데 청소년들은 피임에 대해서는 잘 모르고 있습니다. 피임하지 않고 성관계를 하면 임신을 하게 되거나 자칫 '성인성 질환(sexually transmitted disease: STD, 흔히 성병이라고 통용됨)'에 걸릴 확률이 매우 높아집니다.

만약 원하지 않는 임신을 하게 되어 낙태를 한다면 여자의 몸과 마음은 회복할 수 없을 만큼 망가지게 될 수도 있습니다. 낙태는 여성의 자궁에 상처를 입히기 쉽고, 심할 경우 더는 아이를 가지지 못하는 심각한 결과를 가져올 수도 있습니다.

성인성 질환 역시 마찬가지입니다. 성인성 질환에 걸릴 경우 전염성이 매우 높아 다른 사람에게 쉽게 전염을 시키기도 합니다. 더구나 성인성 질환은 병원에서 치료를 받는다고 해도 잘 낫지 않는 특징을 가지고 있습니다. 그리고 임신을 한다면 소중한 태아에게도 나쁜 영향을 줍니다. 성인성 질환을 가진 상태에서 아이를 낳을 경우 태아가 실명하거나, 각종 합병증에 걸릴 수도 있습니다. 그뿐만 아니라 선천성 기형아로 태어날 확률이 높습니다. 그래서 예쁜 사랑을 하는 데 피임이 꼭 필요한 조건이라고 하는 것입니다.

　피임은 남자가 할 수 있는 방법과 여자가 할 수 있는 방법이 있습니다. 남자가 사용할 수 있는 피임 방법 중 대표적인 것이 콘돔입니다. 남자가 발기된 음경에 풍선과 같이 생긴 고무 재질의 막을 씌운 다음 성관계를 하는 것입니다. 콘돔은 가격이 저렴하고 사용이 편리하다는 장점이 있습니다. 그리고 성관계 시 전염될 수 있는 성인성 질환을 90% 이상 막아주는 든든한 방패의 역할을 하기도 합니다. 여자가 사용할 수 있는 대표적인 피임 방법은 경구 피임약(=먹는 피임약)입니다. 그런데 여자가 사용하는 피임 방법은 남자들에 비해 매우 복잡하고 어렵습니다. 알약 하나만 먹으면 되는 게 아니라 한 달 내내 일정한 시간에 매일 피임약을 먹어야 피임 효과가 있습니다. 하루라도 약을 먹지 않거나 시기를 놓치면 피임 효과를 볼 수 없습니다.
　그리고 피임약을 장기간 먹을 경우 혈액이 끈끈해져서 피가 굳어 버리는 혈전 색전증이나 유방암에 걸릴 확률이 높아지고, 간 기능 장애나 우울증 같은 부작용이 발생할 수 있습니다. 그리고 먹는 피임약은 성인성 질환을 예방할 수 있는 기능이 없습니다. 그러므로 남자들의 콘돔이 가장 추천할 만한 방법입니다.

남자의 피임방법 : 콘돔

성관계 직전 발기된 음경에 얇은 고무 막을 씌워 정자가 질에 들어가는 것을 막는 방법.

여자의 피임방법 : 먹는 피임약

난소에서 배란이 되지 않도록 호르몬 분비를 강제로 변화하게 만드는 약. 생리 첫날부터 매일 한 알씩 복용하며 21정을 먹는 방법.

10

성관계로 질병에
걸릴 수 있나요?

성관계로 걸릴 수 있는 질병을 성인성 질환이라고 합니다.
에이즈(AIDS, acquired immune deficiency syndrome)가 대표적인
성인성 질환으로, 단 한 번의 성관계로도 전염되는 무서운 질병입니다.
어떻게 해야 성인성 질환을 예방할 수 있을까요?

"지은아, 나 요즘 아랫배가 살살 아프고 화장실에서 소변을 볼 때
도 찌릿찌릿해. 괜찮아질 줄 알았는데 계속 아프다. 오늘이 사흘째
야. 나 어떡하지?"

"병원에 한번 가보는 게 어때?"

"근데 어디로 가야 하지? 내과에 가면 될까?"

"무슨 소리야, 당연히 산부인과에 가야지."

"뭐? 산부인과?"

지은이의 말을 듣고 현정이는 산부인과 병원을 찾아갔습니다. 평
소 산부인과는 임신한 사람들만 다니는 병원이라 생각해서 들어
갈 엄두도 내지 않았는데, 막상 병원에 들어가니 임신하지 않은 젊
은 여자들도 많이 있었습니다. 여자 의사 선생님께서 현정이의 몸

을 이곳저곳 살펴보더니 뜻밖의 이야기를 해주었습니다. 성인성 질환에 걸렸다는 것이었습니다. 충격적이었습니다. 단순히 몸이 아픈 것으로 생각했는데 말이죠. 의사 선생님께서는 남자와 성관계를 가진 적이 있는지 물어보았습니다. 현정이는 얼굴이 빨개져서 고개를 끄덕였습니다. 그때 현정이는 피임약을 먹고 있었기 때문에 남자 친구가 콘돔을 사용하지 않았던 것입니다.

성관계를 통해서 발생할 수 있는 성인성 질환은 우리가 생각하는 것보다 훨씬 다양하며, 몇 가지 무서운 특징을 가지고 있습니다. 첫 번째로 전염성이 매우 높습니다. 임질, 요도염, 매독, 헤르페스, 옴, 콘딜로마 등이 대표적입니다. 성관계를 하는 사람이 성인성 질환에 걸린 상태라면 상대방에게 전염될 수밖에 없습니다. 특히 상대적으로 면역력이 약한 청소년기에는 성인성 질환에 걸리기가 더 쉽습니다.

그리고 두 번째 특징이 치료가 어렵다는 것입니다. 에이즈와 같이 아직도 확실한 치료법이 없는 경우도 있습니다. 매우 독한 약을 6개월 이상 먹어야 되고, 심각한 합병증이 올 수도 있습니다. 세 번째 특징은 대부분의 성인성 질환이 생식기를 변형시키거나 통증이 심하다는 것입니다. 환부가 매우 가렵거나 진물과 악취가 심해 일상생활을 불가능하게 만들기도 합니다.

이렇게 무서운 성인성 질환을 근본적으로 예방하는 방법은 당연히 성관계를 하지 않는 것입니다. 그런데 만약 지금 성인성 질환이 의심

된다면 빨리 부모님께, 혹은 보건 선생님께 알려서 병원에서 정밀한 진단을 받아야 합니다. 성인성 질환을 발견하는 즉시 치료하지 않는다면 더 심한 합병증으로 악화될 수 있고, 심각한 통증으로 고통 받을 수 있습니다. 또 다른 사람에게 병을 옮길 수도 있기 때문입니다.

TIP 성인성 질환을 예방하는 방법

1. 성인성 질환에 대해 제대로 알고 있어야 한다.
2. 여자의 경우 산부인과나 여성의학과, 남자의 경우 비뇨기과나 가정의학과 병원에서 정기적으로 건강검진을 받는다.
3. 성관계 후 몸에 이상이 있다면 바로 병원에서 진료를 받는다.
4. 성인성 질환에 걸린 사실을 알게 된다면, 나와 성관계를 맺은 사람에게도 이 사실을 알려주어 치료받을 수 있도록 한다.
5. 성관계를 할 때 꼭 콘돔을 사용한다.
6. 내 몸에 관한 위생 관리를 철저하게 한다.

6장

거울 속의
내 모습이 싫어요

기본 중의 기본, 자기관리

첫인상을 결정하는 것은
무엇일까요?

친구를 사귈 때 가장 중요한 것은 마음이나 성격입니다.
하지만 기본적으로 깨끗한 외모가 갖추어지지 않는다면 기본적인
인간관계에 문제가 생깁니다. 깔끔한 외모를 갖기 위해서는
어떻게 해야 할까요?

성규는 키도 크고 잘생긴 남자아이입니다. 공부도 잘하는 편이어

서 항상 상위권에 듭니다. 그런데 성규에겐 친구가 별로 없습니다.

반 친구들은 모두 성규 곁에 가지 않으려고 합니다. 성규는 친구들

때문에 학교에 가는 일이 스트레스입니다. 성규는 담임선생님께

상담을 요청했습니다.

"성규, 무슨 일이니?"

"아이들이 저를 싫어하는 것 같아요."

"어? 성규를 싫어한다고?"

"네. 저는 친구가 없어요. 아이들이 저를 피하는 것 같아요."

"우리 성규한테 무슨 일이 있었을까? 선생님이 한번 들어볼까?"

성규는 그동안 친구를 사귀기 위해 얼마나 노력했는지 선생님에

게 말씀드렸습니다. 그런데 성규의 이야기를 가만히 듣고 계시던 선생님은 무엇인가 알아챈 눈치였습니다.

"음, 성규 마음을 친구들이 몰라줬구나?"
"네."
"그런데 성규야, 혹시 오늘 양치했니?"
"네? 아니요. 이는 자기 전에만 닦는데요."
"그럼 교복은 언제 세탁했지?"
"네? 몰라요. 기억이 안 나요."
성규와 대화를 주고받던 선생님은 성규의 위생 상태가 좋지 않다는 것을 알 수 있었습니다. 성규의 몸에서는 노숙자와 같은 악취가 풍겼고, 성규의 교복 여기저기엔 오래된 때가 눌어붙어 있었습니다. 그리고 어깨에는 머리에서 떨어진 비듬이 내려앉아 있었습니다. 선생님은 성규의 자존심이 상하지 않도록 부드럽게 말씀하셨습니다.

"성규야, 청소년이 되면 스스로 깨끗하게 하고 다니는 게 좋단다. 청소년기에는 호르몬이 왕성하게 나와서 잘 씻지 않으면 몸에서 안 좋은 냄새가 날 수 있어. 그래서 친구들이 싫어할 수도 있단다."
선생님의 이야기를 듣던 성규는 얼굴이 붉어졌습니다. 초등학교 때부터 머리 감기는 일주일에 한 번, 목욕은 한 달에 한 번 했던 습관을 아직 계속하고 있었던 것입니다.

"칫솔도 날마다 가지고 다니면서 급식 먹고 나면 쉬는 시간에 양치도 매번 하는 게 좋아. 성규가 깨끗하게 몸을 관리하면 친구들이 금방 다시 생길 거야. 선생님이 어머니와도 통화해볼게."

그날 이후로 성규는 머리도 자주 감고, 교복도 자주 세탁해서 입고 다녔습니다. 이제는 밥을 먹고 양치하는 습관까지 들였습니다. 악취와 지저분한 모습이 사라지자, 성규에게 또 다른 변화가 생겼습니다. 친구들이 하나둘 다가왔던 것입니다. 사실 친구들도 성규와 친해지고 싶은 마음이 있었지만, 행여 성규가 상처받을까봐 '잘 씻고 다니라'고 말하기가 쉽지 않았던 것입니다.

청결하고 깨끗한 외모는 사람들에게 호감을 불러일으킵니다. 그런데 너무 공부에만 전념하거나 혹은 귀찮아서 몸을 관리하는 데 소홀한 경우가 있습니다. 그런데 지저분한 외모나 악취가 풍기는 사람을 좋아하거나, 친구로 사귀고 싶어하는 사람은 한 명도 없습니다. 많은 친구와 사귀고 싶다면 외모를 깨끗하게 관리하는 습관이 필요합니다.

> **TIP** 내 몸을 청결하게 유지하는 방법
>
> 1. 치약과 칫솔을 항상 가지고 다니며, 식사 후에는 반드시 양치를 합니다.
> 2. 주기적으로 미용실에서 머리를 손질 받습니다.
> 3. 매주 손톱과 발톱을 깎고, 귀지를 정리합니다.
> 4. 피부 상태를 고려해서 정기적으로 샤워나 목욕을 합니다.
> 5. 날씨가 덥거나, 운동해서 땀을 많이 흘렸다면 그때그때 샤워합니다.
> 6. 코털이나 수염 등 상대방이 불쾌하게 생각할 수 있는 부분도 관리합니다.
> 7. 손수건이나 물티슈를 항상 휴대합니다.

우울할 때 무엇을 하면
좋을까요?

성적 문제, 진학 문제, 이성 문제 등으로 청소년들도 우울함을
느끼게 되고, 우울한 기분에 너무 젖어들다 보면 헤어 나오기 힘든
경우가 있습니다. 우울함에서 쉽게 벗어날 수 있는 방법이 있을까요?

세운이는 어머니와 싸우는 날이 정해져 있습니다. 어머니가 세운이의
방을 청소하는 날이 바로 그날입니다. 어머니가 방 청소를 하고 나면
세운이는 자신의 물건이 어디에 있는지 찾을 수가 없기 때문입니다.

"엄마! 내 물건 만지지 말라고 했잖아요! 엄마가 청소하고 나면 뭐
가 어디에 있는지 알 수가 없다고요!"

"그럼 네가 치우면 되잖아! 방이 그게 뭐니, 돼지우리도 아니고!"

"학원 갔다 오면 숙제하고 잠자기도 바쁘단 말이에요! 지저분해
보여도 어디에 뭐가 있는지 다 아는데, 왜 치워야 해요? 정리 안 해
줘도 돼요. 엄마가 내 물건 만지는 것도 싫고, 정리하는 것도 싫단
말이에요. 그리고 엄마랑 이런 걸로 싸우는 것도 싫다고요!"

"아니 이 녀석이, 청소를 해줘도 짜증을 내네? 그럼 네가 평소에

정리를 하면 될 거 아니야? 어디서 엄마한테 화를 내?"

지영이는 오늘 기분이 좋지 않습니다. 학교에서 안 좋은 일이 있어서 마음이 갑갑했는데, 하교 후 자신의 방에 들어서니 기분이 더 안 좋아졌습니다.

'방이 엉망이네. 오늘은 기분도 안 좋은데 청소나 해볼까?'

지영이는 팔을 걷어붙이고 정리를 하기 시작했습니다. 책은 종류별로 분류해서 책장에 꽂고, 연필과 필기도구는 굴러다니던 페트병을 잘라서 꽂았습니다. 뒷면이 깨끗한 이면지들은 잘 모아서 연습장을 만들었습니다. 바닥을 빗자루로 쓸어보니 먼지가 엄청나게 나왔습니다. 먼지를 싹 쓸어내니 바닥이 몰라보게 깔끔해졌습니다.

지영이는 속이 후련해졌습니다. 그동안 버리지 않고 모아두었던 선물 상자와 과자 상자들을 이용해 책상 서랍을 정리했습니다. 머리핀은 머리핀대로, 화장품들은 화장품대로 상자에 모았더니 어지럽던 서랍이 깔끔해졌습니다. 내친김에 베갯잇도 갈고, 이불도 먼지를 털어 햇볕 좋은 베란다에 널었습니다. 말끔하게 정리된 방을 보니 뿌듯하기도 하고 기분도 상쾌했습니다. 뭔가 좋은 일이 생길 것 같은 느낌까지 들었습니다. 학교에서 돌아왔을 때의 우울했던 마음은 온데간데없어졌습니다.

내 방에 다른 사람이 들어오는 게 싫고, 또 내 물건을 내가 모르는 곳에 넣어두는 것이 싫을 수 있습니다. 하지만 내 방은 나의 소유이므로,

청소와 정리 역시 내 스스로 해야 합니다. 머리가 복잡하거나, 속상한 일이 있을 때 청소를 하고 나면 기분전환이 됩니다. 마음도 청소된다고 할까요. 시험 전날 꼭 책상 정리를 하게 되는 심리도 이와 비슷합니다.

사람의 마음은 환경의 영향을 받게 마련입니다. 공기 맑은 공원에서 산책을 하거나, 푸른 들판 혹은 파도가 치는 여유로운 바닷가에 가면 마음이 편해지면서 기분이 좋아지는 것을 느낄 수 있습니다. 내가 항상 지내고 있는 내 방은 나에게 더 많은 영향을 미치고 있습니다. 내 방이 단정하고 깨끗할 때 마음도 안정감을 찾을 수 있습니다. 또 정리하기, 바닥 쓸기, 걸레질하기 등 청소를 하는 행동들은 내 마음 안에 있는 온갖 걱정거리마저도 정리하게 해주는 효과가 있습니다.

TIP 내 방 청소 내 손으로 끝내기

1단계. 환기를 한다
방안의 오염된 공기를 배출하고 신선한 공기가 들어올 수 있도록 30분 이상 방문을 열어둡니다.

2단계. 물건은 종류별로 모은다
책은 책대로, 필기구는 필기구대로, 모자는 모자대로, 종류별로 수납합니다.

3단계. 먼지를 먼저 쓸어낸다
책상과 책장 그리고 창틀 등의 먼지를 텁니다. 그리고 마지막에 바닥에 떨어진 먼지를 빗자루나 청소기로 깨끗이 쓸어냅니다.

4단계. 물걸레로 닦는다
먼지를 다 쓸어낸 바닥과 책상 위, 책장 등을 물걸레로 닦습니다. 남아 있던 먼지까지 깨끗하게 제거됩니다.

당당하고 멋진 모습을 보여주고 싶어요

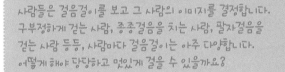

사람들은 걸음걸이를 보고 그 사람의 이미지를 결정합니다.
구부정하게 걷는 사람, 종종걸음을 치는 사람, 팔자걸음을
걷는 사람 등등, 사람마다 걸음걸이는 아주 다양합니다.
어떻게 해야 당당하고 멋있게 걸을 수 있을까요?

세희와 여진이는 등교를 하고 있었습니다. 그런데 반대편에서 두
명의 남자아이가 걸어오고 있었습니다. 오른쪽 남자아이는 빨간
운동화, 왼쪽은 흰색 운동화를 신고 있었습니다. 그런데 그 둘 중
유독 한 명의 남자에게만 눈길이 갔습니다.

"여진아, 오른쪽 빨간 운동화 남자애 괜찮지?"

"너도? 나도 빨간 애"

그 남자아이들이 가까이 다가올수록 둘의 외모는 엇비슷해 보였
습니다. 그런데 왜 빨간 운동화 아이에게만 눈길이 갔을까? 둘의
차이는 '걸음걸이'였습니다. 빨간 운동화 남자아이의 걸음걸이는
매우 당당하고 자신감이 있어 보였던 반면, 왼쪽의 남자아이는 어
깨도 구부정하고 걸음걸이도 팔자걸음이었습니다. 더구나 힘없

이 터덜터덜 걷는 모습은 더욱 비호감이었습니다.

처음 보는 남자아이였지만 세희와 여진이는 걸음걸이로만 사람의 성격을 파악했던 것입니다. 빨간 운동화의 남자아이는 굉장히 리더십이 강하고 여유로운 성격을 갖고 있을 것 같았습니다. 말을 걸어보면 친절하게 대답해주고 목소리도 멋질 것 같기도 했습니다. 그런데 다른 한 명은 기운도 없고 무기력해보였습니다. 친구들 틈에서도 말 한마디 하지 않을 것 같은 느낌이었고 선뜻 다가가기도 부담스러운 분위기를 풍긴 것입니다. 비슷한 생김새의 두 남자아이는 걸음걸이만으로 처음 보는 사람들에게 상반되는 평가를 받았습니다.

우리는 사람들의 걸음걸이에서 생각보다 많은 것을 유추합니다. 사실 걸음걸이에서 그 사람의 성격이 드러나기도 합니다. 어떤 친구들은 자신감 있어 보인다는 이유로 이상한 걸음걸이를 고집하기도 합니다. 실외에서도 슬리퍼를 신거나 운동화를 구겨 신고 신발 뒤축을 끌고 다니는 친구들도 있습니다. 이런 행동들은 주목받기보다는 오히려 거부감을 불러일으킬 가능성이 큽니다.

누구에게나 주목받을 수 있는 당당한 걸음걸이를 위해서는 몇 가지 알아야 할 사항이 있습니다. 가장 중요한 것이 단정한 옷차림과 신발입니다. 너무 화려한 운동화는 오히려 감점입니다. 그리고 아주 무겁거나 큰 물건을 옮기는 게 아니라면 여행용 캐리어를 사용하는 것

도 좋지 않습니다. 등교하면서 캐리어를 끌고 다니는 우리나라 초등
학생의 모습은 전 세계적인 조롱거리라고 합니다. 깔끔하게 가방을
메거나 손에 드는 것이 좋습니다.

걸을 때 보폭은 불편하지 않을 정도로 적당하게 유지하고, 시선은
앞쪽을 바라보며 팔은 자연스럽게 흔들면 됩니다. 습관적으로 손을
주머니에 넣고 다니는 사람이 있는데 본인은 편할지 모르지만 바라
보는 입장에서는 좋지 못합니다. 만약 겨울에 손이 시리다면 주머니
에 넣는 것보다 장갑을 끼는 것을 추천합니다.

이어폰이나 헤드폰은 소리가 밖으로 새어 나가지 않도록 볼륨을 줄
이고, 또 안전을 위해서 가능하면 안전한 장소에서만 사용하는 것이
좋습니다. 걸으면서 껌을 씹고 음식물을 먹고 담배를 피는 것, 길에 침
을 뱉는 것은 격을 떨어뜨리는 최악의 행동임을 명심해야 합니다.

머리가 좋아질 수 있을까요?

머리가 좋아서 한 번만 보면 다 암기할 수 있다면 얼마나
좋을까요? 그러나 그런 약도 없고 어떤 음식을 많이 먹는다고
머리가 좋아지지도 않습니다. 그런데 아주 쉬운 방법으로
두뇌를 트레이닝할 수 있다고 합니다. 그 방법은 무엇일까요?

"정수야, 이거 먹어봐."

"뭔데?"

"이거 먹으면 머리가 좋아진대."

"아, 싫어. 안 먹어!"

"왜 투정이야? 이거 구하느라고 얼마나 힘들었는지 알아?"

"왜 자꾸 이상한 약 같은 걸 먹으라고 해? 난 싫다고!"

시중에 머리가 좋아진다고 하는 알약이나 음식들이 있습니다. 그
런데 사실은 비타민이나 영양제인 경우가 많습니다. 심지어 어떤 알
약은 그냥 밀가루로 만들어졌다고 합니다. 일부 극성스러운 부모들
이 머리가 좋아진다는 약이나 음식에 열광하지만, 사실 음식과 약으

로 머리가 좋아진 사례는 찾아보기 어렵습니다. 그런데 머리가 좋아지는 마법 같은 것이 하나 있기는 합니다. 바로 책을 읽는 것입니다.

'에이, 겨우 독서?'라고 생각할지도 모르겠지만, 인류의 역사를 되돌아보면 이것보다 더 신기한 마법은 없습니다. 독서는 폭넓은 의미에서 글을 읽는 행위를 말합니다. 그리스나 로마인들은 글자를 신성하게 생각했고, 사회지도층만이 글을 읽을 수 있었습니다. 고대 중국에서도 노비나 천민에게는 글을 가르치지 않았고 오로지 높은 신분의 사람들만이 글을 읽을 수 있었습니다. 이런 행동은 근현대까지 이어집니다.

우리나라도 세종대왕께서 한글을 만들 때, 수많은 귀족 계층이 반대했다고 합니다. 글을 아는 사람들이 많아지면 귀족 계층의 지배가 쉽지 않을 거라 판단했기 때문입니다. '사람을 어리석게 만드는 가장 쉬운 방법은 책을 읽지 않게 하는 것'이라는 격언도 있습니다. 역사적으로 글자나 책을 특정 계층만 읽을 수 있게 통제한 사례는 무수히 많습니다.

현대사회의 경우는 어떨까요? 인터넷이나 온라인의 정보 역시 글자로 되어 있으니 이것도 머리가 좋아지는 데 긍정적인 영향을 줄 수 있지 않을까요? 그런데 의외의 결과가 나왔습니다. 인터넷이나 스마트폰을 자주 사용하는 사람은 그렇지 않은 사람보다 오히려 뇌 기능이 30% 정도 감소한다고 합니다. 같은 글자라도 종이에 인쇄된 것을 접하게 되면 머리가 좋아지고, 스크린에 투영되는 것을 보면 머리가 나빠진다고 할 수 있습니다.

컴퓨터 산업을 발전시킨 빌게이츠마저도 '하버드 대학교 졸업장보다 소중한 것은 독서하는 습관'이었다며 독서에 대한 열정을 표현했습니다. 스티브잡스도 인문학과 문학 분야의 독서를 즐겼다고 합니다. 그의 독서에서 비롯된 철학은 고스란히 제품에 적용되어 지금도 많은 사람의 존경을 받고 있습니다. 나폴레옹은 전장으로 가는 말 위에서도 책을 읽었다고 합니다. 발명왕 에디슨은 10대에 이미 2만 권의 책을 읽은 것으로 널리 알려져 있습니다. '독서가 정신에 미치는 영향은 운동이 육체에 미치는 영향과 같다'는 에디슨의 말에서 독서의 중요성을 느낄 수 있습니다.

그런데 요즘 청소년들은 책을 읽는 것이 귀찮다고 생각하는 경우가 많습니다. 웬만한 책의 내용은 모두 인터넷으로 검색이 가능하기 때문입니다. 그런데 인터넷에서 알아낼 수 있는 정보에는 특징이 있습니다. 핵심적인 내용만 요약되어 있다는 것입니다. 하지만 책은 원인과 결과, 주제와 설명이 모두 망라되어 있습니다. 내용을 읽으면서 스스로 수많은 판단을 해야 지식 습득이 가능합니다. 그렇기에 두뇌가 저절로 단련되는 것입니다. 평범한 사람이 천재보다 더 천재가 될 수 있는 유일한 방법이 '독서'입니다.

일기는 왜 써야 하나요?

날마다 일기를 쓰는 습관을 들이면 인생에 큰 도움이 된다고 합니다. 하지만 매일 똑같은 일상생활을 하고 똑같은 사람들을 만나고 있으므로 매일 일기를 쓰는 것이 쉽지 않습니다. 일기를 어떻게 써야 인생에 도움이 될까요?

유명한 베스트셀러 작가에게 한 기자가 질문했습니다.

"당신은 글을 어떻게 이렇게 실감나게 쓸 수 있나요? 당신의 글을 읽을 때마다 생생하게 그 느낌이 전해집니다. 마치 내가 직접 느끼고 있는 듯한 착각이 들어요."

작가가 대답했습니다.

"나는 매 순간 느꼈던 감정을 즉시 글로 남기는 습관이 있습니다. 나중에 그 글을 다시 읽어보면 당시의 기분이 생생하게 느껴지고, 기억도 자세하게 되살아나지요."

"그러면 매일 일기를 쓴다는 말인가요?"

"네, 일기라고 하면 일기이고, 메모라고 하면 메모라고 할 수 있죠."

"보통 일기는 하루를 반성하는 의미에서 쓰는 게 아닌가요?"

"저는 일기를 반성하려고 쓰지 않습니다. 제가 느꼈던 감정이나 느낌, 그리고 경험을 담아두려고 일기를 쓰고 있어요. 저에게 일기는 마치 타임머신 같은 존재랍니다. 과거로 되돌아가고 싶을 때 일기를 읽으면 그때로 바로 되돌아갈 수 있거든요."

일기에는 반성할 내용이 들어갈 수도 있지만 반성문은 아닙니다. 오히려 나의 감상과 생각을 적는 에세이essay에 더 가깝다고 할 수 있습니다.

매일 일기를 쓰면 세 가지 능력을 갖게 됩니다. 첫 번째 능력은 '글쓰기'입니다. 글쓰기는 아무나 할 수 있는 것이 아닙니다. 역사적으로 중요한 일들은 모두 '글'을 통해서 이루어졌습니다. 미국의 독립선언문처럼 글을 통해 한 국가의 독립을 알리는 경우도 있고, 교토의정서처럼 세계적인 협력의 기준이 되기도 합니다. MOUmemorandum of understanding와 같이 기업 혹은 국가 간의 거래나 계약에도 글이 매개체입니다. 심지어 추천서나 자기소개서처럼 개인적인 진학이나 취업에서도 글이 중요한 역할을 합니다. 평소 일기를 통해 글쓰기 실력을 향상시키면 진학이나 취업 성공은 물론, 리더로 성장할 수 있는 기본기를 탄탄하게 다질 수 있습니다.

두 번째로 생각을 논리적으로 정리할 수 있는 '사고력'이 키워집니다. 글을 자주 쓰는 사람은 논리를 정리하는 기술이 향상됩니다. 사건의 원인과 결과에 대해 인과관계를 생각해 볼 수도 있고, 어떤 행동이나 사건이 다른 사람에게 어떤 영향을 미치는지도 유추할 수 있습니다. 또 이유나 원인을 생각하다 보

면 갈등의 원인을 파악할 수 있게 됩니다.

  이런 논리력을 기반으로 다른 사람들을 설득할 수 있는 강력한 힘이 발휘됩니다. 세 번째 능력은 바로 '설득력'입니다. 미국의 40대, 41대 대통령 로널드 레이건(Ronald Wilson Reagan, 1911~2004)은 소통하는 능력이 탁월했습니다. 영국의 정치인 윈스턴 처칠(Winston Leonard Spencer Churchill, 1874~1965)이나, 남아프리카공화국 최초의 흑인 대통령인 넬슨 만델라(Nelson Rolihlahla Mandela, 1918~2013) 역시 설득력을 바탕으로 뛰어난 리더십을 발휘했습니다. 세상을 움직인 리더들의 설득력은 일기라는 사소한 생활 습관에서부터 시작된다고 할 수 있습니다.

  글쓰기 능력과 사고력 그리고 설득력을 신장시키는 방법은 과외나 특강이 아니라 일기라는 아주 사소한 습관입니다. 내가 경험한 일상을 그저 반성하듯 적는다고 생각하지 말고, 내 꿈이나 생각을 고민하고 스트레스 받는 내용까지 모두 담아내는 나만의 역사책을 만들어 보세요. 일기 한 권이 10년 후 여러분의 인생을 결정하는데 가장 중요한 이정표가 될지도 모릅니다.

06

글씨를 예쁘게 쓰면
무엇이 좋을까요?

마음이 바르지 못하면 글씨도 비뚤어진다는 옛말이 있습니다.
그리고 실제로 글씨를 예쁘게 쓰면 사람들의 호감을 살 수 있습니다.
자신은 원래 글씨가 예쁘지 못하다고 지레 포기하는 친구들도 있지만
자신의 글씨체를 보기 좋게 만드는 방법은 있습니다.

"사장님, 이번에 신입 사원은 어떤 기준으로 뽑을까요?"

"자네 뭐 좋은 생각 없나? 시험을 봐도 좋은 사람을 고르기가 쉽지
않네만."

"혹시 이런 방법은 어떨까요? 글씨를 쓰게 해보는 방법 말입니다."

"뭐? 글씨로 사람을 뽑자고? 요즘은 모두 컴퓨터 작업을 하는데
글씨를 봐서 어디다 쓰려고?"

"저도 그렇게 생각했었습니다. 그런데 사장님, 글씨를 통해서 그
사람을 잘 알아볼 방법이 있다고 합니다."

"오호, 글씨로 사람을 알 수 있다고? 글씨가 관상이나 손금 같은
건가?

"그런 건 아니지만, 글씨체나 글씨 쓰는 모습을 보면 겉으로 드러

컴퓨터나 모바일 기기가 발달하여 종이에 글씨를 쓸 기회가 사라지고 있습니다. 여전히 노트에 필기는 하고 있지만, 우리 모두 필기보다 타이핑이 더 익숙합니다. 그래서 자판을 능숙하게 타이핑하는 사람은 쉽게 찾아볼 수 있지만, 글씨를 예쁘게 쓰는 사람들은 찾아보기가 힘듭니다.

메모를 받거나 글씨가 쓰인 종이를 봤을 때 은연중에 글씨체를 먼저 보게 됩니다. '이 글씨를 쓴 사람은 성격이 급하군.', '이 사람은 둥글둥글한 성격을 가지고 있나 봐.'처럼 글씨체를 보며 그 사람을 상상해 보게 됩니다. 글씨를 보면 성격이 보인다는 말이 그래서 나왔습니다. 글씨를 써야 하는데, 마음이 급한 상황이라면 글씨 역시 급한 모양을 갖게 됩니다. 그 글씨체에는 나의 급한 마음이 담겨 있는 것입니다. 원래 내가 느긋한 사람일지라도 급하게 쓴 내 글씨를 보는 사람들은 내가 급한 성격을 가지고 있다고 생각할 수도 있습니다. 반면 한 글자씩 또박또박 쓴 글자는 비록 명필이 아니더라도 누구에게나 깔끔한 인상을 남길 수 있습니다.

사실 글씨체는 논술고사나 대학 시험에서도 많은 영향을 미칩니다. 직접 필기해서 작성해야 하는 논술고사와 대학의 시험들은 필기에 따라서 큰 점수 차이를 보입니다. 아무리 좋은 내용을 논리적으로 썼다고 하더라도, 채점자가 그 내용을 제대로 알지 못하게 흘려 썼다면 좋은 점수를 받을 수 없을 것입니다. 그리고 성인이 되더라도 중요한 순간에는 모두 손으로 글씨를 쓰게 됩니다.

중요한 계약서에 서명을 한다든지, 직접 필기한 쪽지를 상대방에게 전달해 줘야 할 상황도 많습니다. 그런데 만약 지저분하게 글씨를 쓴다면 어떨까요? 그 계약을 하는 상대방이나 쪽지를 받아 든 사람이 여러분을 어떤 사람이라고 생각할까요? 많은 사람들이 예쁜 글씨를 쓰는 이성은 외모와 상관없이 매력적으로 보인다고 말합니다.

지금, 기분전환이
필요해요

07

마음이 답답하거나 우울할 때, 또는 내 마음을 알아주는
사람이 하나도 없다고 느껴질 때 쉽게 기분전환을 할 수 있는
방법은 없을까요?

"너 음악 좋아해?"

"아니. 난 잘 몰라. 너는 좋아해?"

"응. 나는 음악 듣는 거 좋아해. 음악을 들으면 좋은 점이 참 많아."

"그래? 나는 잘 모르겠던데. 공부에 방해만 되는 거 아니야?"

"야, 네가 그래서 목석같은 거야. 사람이 감수성이 있어야지. 혹시
거리를 걷다가 들리는 노래 중에 가사가 귀에 딱 꽂힌 경우 없었
어?"

"음, 글쎄."

"사랑할 때는 사랑의 노래가 들리고, 이별했을 때는 이별의 노래
가 귀에 들린대."

"아, 나도 그런 경험 있어. 날씨도 너무 좋고, 시험도 잘 봐서 기분

이 날아갈 것 같은 날이었어. 막 하늘을 나는 느낌! 그런데 내 마음
하고 똑같은 노래가 귀에 들렸고 하루 종일 흥얼거리게 됐어. 와,
진짜 그러네?"

"좋은 멜로디나 가사는 사람을 감동시키는 힘이 있대. 우울할 때
음악을 들으면 기분전환도 되고 마음이 안정되는 효과도 있어."

"그런데 어떤 음악을 들어야 해? 최신가요 같은 거 들으면 되나?"

"네가 좋아하는 가수 노래를 들어도 되고, 영화음악 같은 거 들어
도 되고."

"아, 난 엄마가 가요 듣는 거 싫어해서 못 들어."

"스마트폰으로 MP3 들을 수 있잖아."

"난 영어 듣기 평가만 들어."

"아휴, 답답해. 이 언니가 좋은 음악 추천해줄 테니, 이거 듣고 감
성 좀 키워라. 너랑 얘기하려니까 숨이 막힌다."

음악은 우리가 심리적으로 불안하거나 안정되지 못했을 때 안정감
을 가질 수 있게 해주거나 공부할 수 있는 준비를 할 수 있게 해줍니
다. 조용한 클래식 음악은 흥분된 마음을 차분하게 가라앉히는 효과
가 있고, 감미로운 멜로디의 가요는 감수성을 키워주기도 합니다. 강
한 비트의 록이나 댄스 음악은 지쳐있는 마음에 에너지를 불어넣어
줍니다.

또 음악이나 노래를 통해 감정을 표현할 수도 있습니다. 그래서 음
악은 의사소통의 한 수단이 되기도 합니다. 친구들과 같이 음악을 감

상하거나, 노래방에서 노래를 부르면 직접적으로 표현하지 못했던 내 가슴 속 이야기를 표출할 수 있습니다. 그래서 소설이나 영화를 보면 노래로 사랑을 전하거나, 슬픔을 드러내는 장면이 많이 나오는 것입니다. 감정을 표현하지 않고 계속 쌓아두면 심적으로 큰 부담이 되기 마련입니다. 음악을 통해서 감정을 표출하면 안정적인 심리 상태를 유지할 수 있습니다.

몸과 마음을
충전하고 싶어요

몸과 마음이 지치고, 새로운 에너지가 필요할 때가 있습니다.
학교와 학원을 왔다갔다 하다 보면 시간을 내어 운동하기도
어렵습니다. 이럴 때 별 다른 준비 없이도 기분전환을 하고
에너지를 충전할 수 있는 방법은 없을까요?

08

고경이가 길을 가다가 인나를 만났습니다. 인나는 예전보다 훨씬
날씬하고 건강해보였습니다.

"와, 이게 누구야! 인나 너 맞아? 왜 이렇게 살이 빠졌어?"

"안녕, 고경아. 나 진짜 살 빠진 것 같아?"

"응! 잘못하면 못 알아볼 뻔했어. 무슨 일 있었어? 뭐야 뭐? 나도 가
르쳐줘. 어떻게 하면 이렇게 예쁘게 살이 빠지는 거야?"

고경이가 인나를 다그치듯 묻자, 인나는 빙그레 웃으며 대답했습니다.

"너, 걷기로 다이어트 한다는 얘기 들어봤지?"

"어? 러닝머신 하는 거?"

"아니, 진짜로 걷는 것 말이야! 많이 걸으면 살 빠진다는 이야기를
듣고 나도 한번 걸어보기로 다짐했지. 처음에는 버스 몇 정거장 먼

저 내려서 집까지 걸어갔어. 처음에는 걷는 게 힘들더라. 다리도 아프고 심심하기도 하고. 그런데 계속 걷다 보니까 익숙해졌어. 나중에는 그 거리도 짧게 느껴졌어. 걷기는 다이어트 말고도 장점들이 많이 있어. 날마다 다니는 길인데도, 평소에 내가 보지 못했던 것들이 눈에 들어오는 거 있지? 계절이나 날씨에 따라서 걷는 재미도 다르고 말이야."

"그럼 아직도 걸어 다니는 거야? 지금은 날씬한데 언제까지 계속할 건데?"

"처음엔 살 뺄 생각으로 시작한 건데, 이제는 걸어 다니는 게 재미있어졌어. 좋은 공기도 마시고 기분전환도 되고. 그리고 그냥 길이라고 생각했던 곳에 의미가 생기더라고. 같은 길이어도 계절이나 시간별로 느낌이 달라서 몸도 힐링이 되고 마음도 힐링이 된다니까."

"건강도 챙기고 다이어트도 되고, 나도 그 힐링 한번 느껴봐야겠다!"

학교생활에 지친 자신에게 '걷기'라는 힐링의 기회를 선물해주는 건 어떨까요? 오랫동안 걸으면 자연스럽게 건강해지고 균형 잡힌 몸을 만들 수 있습니다. 자연스럽게 군살이 빠지는 효과도 볼 수 있답니다. 주변에서 많이 먹는데 살이 찌지 않는 날씬한 친구들을 볼 수 있습니다. 이 친구들의 공통점은 다른 사람보다 많이 걷고 활동하는 것입니다. 그래서 따로 운동을 하지 않아도 자연스럽게 다이어트가 되는 것입니다. 뿐만 아니라 걸으면서 마음의 여유를 찾게 되므로 자신만의 힐링 타임을 확보하게 되는 셈입니다.

매너 있게
행동하고 싶어요

나이, 지위와 상관없이 존경심이 우러나오는 사람이 있고,
존경하고 싶은 마음이 절대 일어나지 않는 사람도 있습니다.
존경심이란 돈이나 강요로 생기는 것이 아닐 것입니다.
어떻게 하면 사람들에게 존경받고 살 수 있을까요?

존경받는 사람들의 행동에는 5가지 특징이 있습니다. 먼저 사람들로부터 존경받는 사람은 누구에게나 존댓말을 사용합니다. 말하는 상대가 어린아이라고 할지라도 상대를 존중하며 높임말을 사용합니다. 텔레비전에 등장하는 연예인들 중에서도 존댓말을 습관처럼 사용하는 사람과 그렇지 않은 사람들의 차이를 살펴볼 수 있습니다.

상대방을 존중해주는 사람은 오랜 시간이 지나도 시청자들의 사랑을 받습니다. 반면 반말로 물의를 일으키는 사람들은 스스로 몰락의 지름길을 걷게 됩니다. 어린 사람이나 자기보다 직책이 낮은 사람에게 존댓말을 사용하는 사람들에겐 상대를 존중해주는 깊은 배려의 마음이 있습니다.

두 번째 특징은 목소리를 함부로 높이지 않는다는 것입니다. 못난 사람들은 자기가 화가 났다고 소리를 지르면서, 상대방의 말을 잘 듣지도 않습니다. 또 상대방이 못 알아듣는다고 큰 소리를 내며 화를 내기도 합니다. 영화나 드라마의 주인공들은 사실 함부로 소리를 지르거나 화를 내지 않습니다. 중후하고 품격 있는 자세를 유지합니다.

드라마의 조연이나 악역을 담당하는 사람들이 주로 목소리를 높이는 것을 쉽게 볼 수 있습니다. 존경받는 사람들은 화가 나는 상황에서도 차분하게 말하면서, 무엇이 잘못된 것인지 생각하고 해결책을 찾아보려는 태도를 취합니다. 우리도 인생의 조연이 아닌 주인공이 될 수 있는 목소리를 갖도록 관리해야 합니다.

세 번째 특징은 먼저 인사를 한다는 점입니다. 인기 스타를 꿈꾸는 아이돌 가수들은 아주 철저하게 인사 교육을 받는다고 합니다. 아는 사람이든 모르는 사람이든 눈이 마주치면 무조건 90도로 허리를 숙여 인사를 하는 것입니다. 인사를 못하면 스타도 되지 못한다는 것이 기본 교육 방침이라고 합니다. 누군가에게 존경을 받는다는 것은 역으로 누군가를 배려하고 존경한다는 뜻이기도 합니다. 밝고 상냥한 인사 한 번으로 여러분의 가치를 높일 수 있습니다.

네 번째 특징은 약자를 잘 도와준다는 점입니다. 존경받는 사람들은 힘이 약하거나, 도움이 필요한 사람을 보면 도와줍니다. 항상 배려하는 마음으로 상대방을 대합니다. 엘리베이터의 열림 버튼을 눌러주거나, 문을 열고 들어갈 때에 뒷사람을 위해 문을 잡아주는 등의 사소한 행동만으로도 충분히 다른 사람에게 도움을 줄 수 있습니다. 누군가를 도와준다는 것은 어렵거나 거창한 일이 아닙니다. 우리들이 쉽게 할 수 있는 것부터 실천한다면 존경을 받는 첫걸음을 떼게 됩니다.

마지막으로 가장 중요한 특징은 겸손하다는 점입니다. 자기가 잘하는 것이 있더라도 잘난 체하지 않고 늘 겸손합니다. 정말로 멋진 사람은 자신이 잘하는 것을 드러내지 않습니다. 다른 사람들로부터 칭찬을 받을 때에도 '감사합니다. 더 열심히 하겠습니다.'라고 겸손하게 받아들입니다. 무분별한 자기 자랑은 스스로 품격을 떨어뜨릴 뿐만 아니라, 존경심마저 사라지게 만드는 독약으로 작용합니다. 내가 이루어낸 성과나 가치에 대해서 다른 사람이 인정해줄 수도 있고, 그렇지 않을 수도 있습니다. 남들이 알아주지 않는다고 자기 자랑을 하고 다니는 것 보다는 겸손한 자세로 본인 스스로 만족하는 것이 더 품격 있어 보입니다.

어렸을 적 영재는
왜 평범해질까요?

어렸을 때는 신동이니 영재니 하는 소리를 듣다가,
어느 순간엔가 평범한 사람이 되어버리는 경우를 우리 주위에서
많이 볼 수 있습니다. 그 많던 영재들은 다 어디로 갔을까요?
자신의 재능을 점점 더 발전시킬 수 있는 방법은 없을까요?

사람은 누구나 경쟁을 하면서 살아갑니다. 학창시절에는 공부로, 성인이 되어서는 일을 하면서 경쟁을 합니다. 그런데 평생 동안 경쟁을 할 수 있는 '경쟁에너지'에는 한계가 있다는 사실을 아시나요? 사람들은 일생에서 약 9년 분량의 경쟁에너지를 사용할 수 있다고 합니다. 그렇다면 우리는 이런 경쟁에너지를 언제 사용해야 할까요? 인생에서 가장 중요한 순간에 사용해야겠죠? 경쟁에너지를 그래프로 그려본다면 다음과 같습니다.

□ **경쟁에너지 그래프**

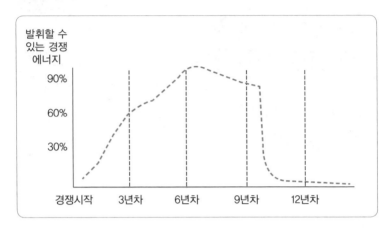

　본격적인 경쟁을 시작한 후 6년 쯤 지나는 시기에 본인이 가지고 있는 경쟁에너지를 최대한 발휘할 수 있습니다. 그리고 9년이 지나면 그 에너지가 급격하게 줄어드는 것을 확인할 수 있습니다. 그렇다면 이 그래프를 우리 인생에 적용해 볼까요? 만약 초등학교 1학년부터 경쟁에너지를 사용한다면 다음과 같은 그래프가 만들어지겠죠.

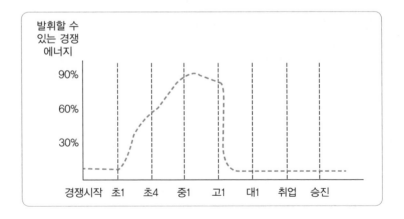

초등학교 1학년부터 경쟁에너지를 사용한다면 고등학교 1학년이 되면 모든 에너지를 소진해 버립니다. 더 이상 공부를 할 수 있는 에너지가 사라져 버린 것입니다. 너무 어린 나이에 신동(神童)이나 영재(英才)라고 불렸던 아이들이 청소년이 되면서 급격히 재능을 잃어버리는 이유도 이와 무관하지 않습니다. 그렇다면 중학교 1학년부터 본격적인 경쟁을 시작해볼까요?

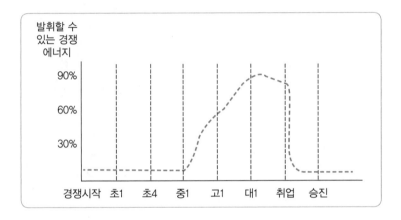

중학교와 고등학교 시기에 경쟁에너지를 적절히 발휘할 수 있어서 대학교 진학에서 우월한 경쟁력을 유지할 수 있습니다. 하지만 대학교 시기에 이 에너지를 모두 소진해 버려서 취업에 큰 문제가 발생할 수 있습니다. 학업도 중요하지만 어른이 되면 사회생활과 직장을 다니는 것도 매우 중요합니다. 만약 이 시기에 경쟁에너지가 없다면 제대로 된 사회생활을 할 수 없겠죠. 그렇다면 고2 때부터 경쟁에너지를 사용하기 시작하면 어떻게 될까요?

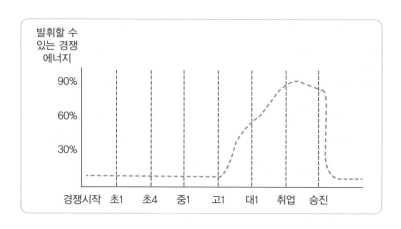

대학입시와 취업 준비기간 모두 최대한의 경쟁에너지를 발휘할 수 있는 조건이 됩니다. 이 그래프를 유심히 살펴보면 왜 '대기만성(大器晚成)'이라는 옛말이 존재하는지 알 수 있습니다. 초등학교나 중학교에서 1등을 한다고 해서 인생에 큰 영향을 미치지는 않습니다. 하지만 대학교를 수석으로 졸업하거나 회사에서 세계 1등 제품을 만들어낸다면 어떨까요? 비교할 수 없을 정도로 인생에 큰 영향을 미치게됩니다. 너무 어린 시기부터 경쟁에너지를 사소하게 낭비하는 것보다 적절한 시점에 최대한으로 능력을 발휘할 수 있는 효과적인 '경쟁에너지' 사용 전략이 필요합니다.

공부의 능률을
높이고 싶어요

하루 종일 공부를 계속하다 보면 뇌가 정지되는 듯한 느낌을
받습니다. 암기과목도 외워지지 않고 수학 공식도 이해되지 않습니다.
이렇게 공부가 지지부진할 때 간단한 기분전환을 통해 공부 능률을
올릴 수 있는 방법이 있을까요?

1. 산책하기

항상 공부만 하던 방에서 벗어나 신선한 공기를 마시며 산책을 해보
세요. 주변에 있는 공원이나 강변을 걷거나, 아파트 단지 혹은 동네를
한 바퀴 돌아보는 것도 좋습니다. 걷는 동작이 몸과 마음에 적당한 긴
장감을 주므로 에너지를 충전할 수 있습니다. 걷기 편한 운동화를 신
고 30분 이상 걷는 것을 추천합니다.

2. 음악 감상하기

평소 좋아하는 음악을 들으면 마음을 진정시키거나, 의욕을 재충전
할 수 있습니다. 반드시 클래식이나 조용한 음악을 들을 필요는 없습
니다. 댄스 음악이나 록 음악도 좋습니다. 사람마다 선호하는 소리의

영역과 주파수가 다르기 때문에 본인의 마음에 드는 음악을 듣는 것이 좋습니다. 음악을 들을 때는 다른 사람에게 피해를 주지 않도록 헤드폰을 사용하거나 본인만 들을 수 있을 정도의 크기로 볼륨을 조절해야 합니다.

3. 신선한 과일이나 달콤한 음식 먹기

달콤한 맛은 뇌에 행복감을 전해주어 우울하거나 신경질적인 기분을 잠시 잊게 해줍니다. 너무 많이 먹으면 살이 찌거나 오히려 감정을 무디게 할 위험성이 있으므로 약간 부족한 듯 먹는 것이 좋습니다. 단, 탄산음료나 에너지 드링크, 커피 같은 카페인 음료는 마시는 순간만 잠깐 기분이 좋아지고 오히려 집중력을 떨어뜨리기 때문에 피하는 것이 좋습니다.

4. 공부와 관계없는 책이나 잡지 읽기

공부와 전혀 관계없는 책이나 잡지를 읽으면서 두뇌에 쉬는 시간을 주세요. 특히 예쁜 색깔의 그림이나 사진이 많이 곁들여진 책을 보면 공부에 지친 좌뇌를 잠시 쉬게 할 수 있습니다.

5. 하늘 쳐다보기

공부하다 집중력이 떨어진다면 10~20분 정도 하늘을 가만히 쳐다보는 것이 좋습니다. 평소 잘 사용하지 않던 목 근육을 사용하여 스트레칭 효과를 볼 수 있으며, 눈의 초점 거리를 멀리 떨어뜨려서 긴장되어 있던 안구의 근육들을 풀어줄 수 있습니다. 단 직사광선을 바로 쳐다보거나 너무 밝은 곳을 오랫동안 바라보는 것은 시력에 좋지 않으니 주의해야 합니다. 밤하늘의 별이나 비행기 불빛 혹은 인공위성의 불빛을 보는 것도 좋은 방법입니다.

6. 세안하고 양치질하기

공부를 열심히 하면 자연스럽게 머리에서 많은 열이 발생합니다. 시원한 물로 세안과 양치를 한다면 얼굴과 입안이 상쾌해지면서 기분전환이 됩니다. 집에 있다면 가볍게 샤워를 하는 것도 좋습니다. 우리 몸은 물로 자극을 받으면 마음까지 개운해지기 때문입니다. 단 너무 잦은 세안은 오히려 피부 트러블의 원인이 되기도 하고, 양치를 너무 자주 하면 치아가 상하는 원인이 되므로 적당한 선을 지켜야 합니다.

7. 기분 좋았던 기억 떠올리기

좋은 기억은 자신감을 회복할 수 있는 원동력이 되기도 합니다. 소설 피터팬Peter Pan, J. M. Barrie에서 좋은 기억을 하면 하늘을 날 수 있다고 표현한 것도 이와 비슷한 맥락입니다. 실제로 하늘을 날 수는 없겠지만, 날 것 같은 기분을 맛볼 수는 있기 때문입니다.

8. 청소하기

책상이나 방을 깨끗하게 정리하는 것은 마음을 깨끗하게 정리하는 것과 같은 효과가 있습니다. 그래서 청소를 하고 나면 상쾌한 느낌이

들고 의욕도 샘솟는 것입니다. 시험공부를 할 때 책상 정리를 하지 않으면 공부에 집중할 수 없다는 청소년도 있습니다. 스스로 공부할 준비가 되어 있지 않은 경우, 이런 식으로 청소나 정리에 집착하기도 합니다.

9. 마사지하기

마사지는 스트레스를 줄이고 긴장을 풀어줍니다. 경직된 근육이 풀리면서 편안함을 느끼게 되고, 무엇보다 기분 좋은 느낌을 주는 호르몬을 분비해 우울한 느낌을 없애주기도 합니다. 책상 앞에 앉아 공부할 때 가장 경직되기 쉬운 목 뒷부분, 어깨, 허리 등을 집중적으로 마사지하면 큰 효과를 볼 수 있습니다.

7장

우리 엄마 아빠는
왜 그러는 걸까요?

화목한 우리 집 만들기 대작전

도대체 가족이란 뭘까요?

좋은 일이나 나쁜 일이 생겼을 때 가장 마지막까지 지켜주는 것은
가족이라고 합니다. 그러나 가족이 때로는 자신을 옭아매는
족쇄가 되고 자신의 앞날을 방해하는 장애물이 된다는 생각도
할 수 있습니다. 도대체 가족이란 어떤 존재일까요?

민호가 규빈이에게 물었습니다.

"규빈아, 넌 가족 하고 식구 하고 뭐가 다른지 아니?"

갑작스러운 질문에 규빈이는 잠시 당황했습니다. 하지만 곰곰이

생각해보니 어려운 문제가 아니었습니다. 규빈이는 이렇게 대답

했습니다.

"넌 요즘 나를 무시하는 경향이 있어. 가족과 식구는 같은 말이잖아."

"나도 그렇게 생각했었지. 그런데 얼마 전에 선생님께서 둘은 다

르다고 알려주셨어."

규빈이는 궁금해졌습니다.

"뭐가 다른데? 난 이해가 잘 안 되는 걸!"

"응. 나도 이야기를 듣기 전에는 잘 몰랐는데 이젠 이해가 돼. 우선

가족은 어머니, 아버지, 할아버지, 할머니, 형, 동생처럼 부모자식 이나 형제자매로 연결된 사람들이래."

"그건 당연한 거 아니야?"

규빈이는 쉬운 이야기를 어렵게 돌려 말하는 민호가 이해가 가지 않았습니다.

"그런데 식구는 같이 밥을 먹는 사람이래. 그러니까 가족은 아니 어도 집에서 같이 사는 사람이 있으면 그 사람은 식구가 되는 거란 얘기지."

"흠. 대충 알 것 같아. 그러니까 시골에 사시는 우리 할머니는 '가 족'은 맞지만 '식구'는 아니란 거지?"

규빈이가 이제 깨달았다는 듯 민호에게 반문했습니다.

"그렇지! 너도 이젠 확실히 안 것 같구나."

우리는 흔히 '가족'이라는 말과 '식구'란 말을 혼동해서 사용하기도 합니다. 하지만 이 두 단어는 전혀 다른 뜻을 가지고 있습니다. '가족' 은 부모자식, 형제자매 관계로 연결되어 있는 사람들을 아우르는 말 이고, '식구'는 같이 밥을 먹으면서 살고 있는 사람을 일컫는 말입니 다. 과거 농경 사회에서는 모든 사람이 한 곳에 모여 살면서 농사를 지었기 때문에 가족이 식구였으며 식구가 가족이었습니다. 하지만 현대사회에서는 핵가족, 소가족 단위로 각각 다른 지역에서 생활하 다 보니 가족과 식구가 명확히 구분되는 것입니다.

가족 관계는 타인과 다른 끈끈한 정과 서로에 대한 믿음이 깔려 있습니다. 그래서 오래 떨어져 있더라도 만나면 반갑고, 서로 의지할 수 있습니다. 반면 식구는 지금 살고 있는 환경이 더 중요하다고 할 수 있습니다. 전통적으로 우리나라에서는 '같이 밥을 먹으면 친해진다'고 했습니다. 같이 밥을 먹고 생활하면서 정이 쌓이는 관계를 '식구'라 표현합니다. 지방에 멀리 떨어져 계시는 아버지나 해외에서 유학 중인 형제는 가족이지만 식구라고 부를 수는 없습니다. 그리고 부모님의 이혼이나 재혼, 자녀의 입양에 따라서 가족이 변하는 경우도 있습니다.

최근에는 식구의 범위가 더욱 커지고 있습니다. 친구 중에서도 매일 밥을 같이 먹고 오랜 시간 동안 같이 생활하는 절친(절친한 사이의 친구)들이 있습니다. 이런 친구들은 식구라고도 할 수 있을 것입니다. 오랜 시간 동안 같이 마음을 맞추고, 밥을 먹으며 시간을 보내는 것이 식구의 특징이기 때문입니다. 학교에서 하루 종일 공부하는 우리 친구들의 입장에서 본다면, 친구들이 가족보다 더 가까운 식구가 될 수도 있습니다.

새 어머니도 어머니일까요?

요즘은 이혼과 재혼이 특별한 일이 아닙니다. 청소년들도
아버지만 있는 경우, 어머니만 있는 경우가 있고
또 새 어머니, 새 아버지와 함께 사는 경우도 있습니다.
어머니, 아버지란 어떤 사람이라고 정의해야 할까요?

"태정아, 넌 어머니가 뭐라고 생각하니?"

"너, 바보야? 자기를 낳아준 사람이잖아."

태정이는 명수의 질문에 어이가 없었습니다. 그런데 명수는 이렇
게 말했습니다.

"근데 아닐 수도 있어. 입양한 경우도 있고, 새 어머니인 경우도 있
잖아."

"그렇다면 어머니란 아버지랑 결혼한 사람인가?"

명수와 태정이는 점점 혼동이 되었습니다.

"혹시 어렸을 때부터 날 키워주는 사람이 어머니 아닐까?"

"그건 아니지. 그럼 할머니가 키워준 사람은 할머니가 어머니냐?"

"아, 어렵다. 도대체 어머니가 뭐지?"

10대 생활 백서

"우리 엄마한테 물어볼까? 어머니가 뭐냐고."

"야, 너 그러다 한 대 맞는 거 아니냐?"

과거 사회에서 어머니를 정의하기란 매우 쉬운 일이었습니다. '나를 낳아준 사람'이라고 명확히 지정할 수 있었습니다. 그런데 현대사회에 들어와 '어머니'라는 단어를 정의하기가 어려워졌습니다. 이혼이나 재혼, 입양 등 과거와는 다른 형태의 가족 관계가 증가하고 있기 때문입니다. 그러므로 어떤 친구들의 경우 어머니가 두 명 혹은 아버지가 두 명 있는 경우도 발생합니다. 또 입양 가정에서 어머니와 아버지라는 호칭은 과거의 그것과는 또 다른 느낌일 것입니다.

과거의 '어머니'가 나를 낳아주셨던 사람이라면, 현대의 '어머니'는 나를 가장 아끼고 사랑해주는 사람이라고 할 수 있습니다. 또 맞벌이 가정이 늘어나면서 양육과 키운다는 의미도 많이 축소되었습니다. 어머니는 아이를 키우는 사람이지만, 실제로 아이를 키우는 사람들은 할머니가 될 수 있고, 보육 교사가 될 수도 있기 때문입니다. 하지만 세월이 지나고 사회가 바뀌어도 변하지 않는 가치가 있습니다. 우리를 보살피고, 아끼고, 사랑하고 또 관심을 가져주는 존재가 어머니라는 점입니다.

◻ 어머니에 내포된 의미 변화

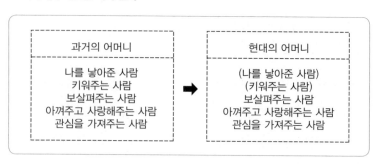

그러면 아버지는 누구일까요? 어머니랑 결혼한 사람? 나를 낳을 수 있게 해준 사람? 위에서 이야기한 어머니에 대한 사례와 같이 과거의 아버지와 현대의 아버지는 차이가 있습니다. 현대의 아버지는 세상으로부터 우리 가족을 보호해주고, 우리 가족이 행복하게 살 수 있는 터전을 마련해주는 사람입니다.

변화하는 가족 관계는 드라마의 소재가 되기도 합니다. 출생의 비밀이나 왜곡된 형제자매 관계가 드라마에 자주 등장하지만, 이런 가족 관계가 정상적이라고 하기는 힘듭니다. 이런 가정에서 성장하고 있는 친구들은 심리적으로 매우 힘든 사춘기를 보낼 확률이 높습니다. 학교에서 적응을 못 하거나, 학교 폭력의 가해자가 될 확률도 상대적으로 높다는 통계가 있습니다. 하지만 모두가 비관적으로 성장하는 것은 아닙니다. 진짜 친부모보다 더 현명하고 자혜로운 양부모도 분명히 존재하고, 또 아이들을 위해 헌신하고 있는 양부모도 있다는 사실을 기억해야 합니다.

언제부터 엄마를 어머니라고 불러야 하나요?

어릴 때는 '엄마'라는 호칭을 쓰다가 성인이 되면서 자연스럽게 '어머니'라는 호칭을 쓰게 됩니다. 그러면 언제부터 어머니라는 호칭을 사용해야 할까요? 엄마와 어머니는 무엇이 다른 걸까요?

"희정아, 어제가 내 생일이었잖아. 엄마 아빠랑 외식하고 생일 선물도 받았어."

"넌 아직도 엄마, 아빠라고 하니? 어머니, 아버지라고 해야지. 엄마, 아빠는 아이들이나 쓰는 말이래."

"응, 나도 그 얘긴 들었는데, 어쩐지 어머니, 아버지라고 하면 거리감이 느껴져. 그래서 그냥 엄마 아빠 하는 게 좋아. 넌 안 그러니?"

"조금 그런 느낌이 있긴 해."

"그리고 지금까지 계속 엄마라고 했는데, 하루아침에 어머니라고 하는 것도 웃기지 않아?"

엄마, 아빠는 어린아이들이 쓰는 말이라고 해서 '유아어'라 합니다.

말을 막 하기 시작하는 어린아이들이 사용하는 이런 유아어는 엄마, 아빠 말고도, '맘마, 지지, 까까, 응가, 멍멍이, 야옹이, 붕붕이' 등이 있습니다. 이런 단어들은 모두 발음하기 쉽다는 특징을 가지고 있습니다. 이런 말을 사용하다 학교생활을 시작하면 우리가 표준어라고 하는 말로 바꾸어 사용하게 되죠.

초등학생만 되더라도 대부분의 유아어는 사용하지 않게 됩니다. 그런데 엄마, 아빠는 청소년이 되어서도 계속 사용하는 경우가 대부분입니다. 막상 엄마를 어머니로, 아빠를 아버지로 부르자니 뭔가 어색하고 거리감이 느껴지는 것도 사실입니다.

나이가 많은 어른들이나 일부 기성세대들은 학생들이 엄마, 아빠라는 단어를 쓰는 것을 매우 엄격하게 금지하기도 합니다. 하지만 세월이 지나면 단어의 뜻도 조금씩 변하기 마련입니다. 엄마, 아빠라는 말도 마찬가지입니다. 옛날에는 어린아이들이 사용하는 유아어에 한정되었지만, 최근에는 어머니나 아버지를 조금 더 친근하게 부르고자 하는 욕구가 포함되어 있다고 볼 수 있습니다.

사춘기를 기준으로 엄마, 아빠에 대한 호칭을 어머니, 아버지로 바꾸어 부르는 것을 권장합니다. 물론 조금 더 친근하게 부르고 싶거나 특별한 상황에 따라서 엄마, 아빠를 혼용해도 무방합니다. 하지만 기본적으로 사춘기에 접어들면 자녀에 대한 부모님의 역할이 달라지기 때문에 호칭의 변화도 필요합니다.

어린 시절, 부모님은 우리를 보살피고 보호해주는 사람이었습니다. 하지만 청소년 시절의 부모님은 우리를 응원하고, 우리에게 관심을 주는 사람입니다. 사춘기가 되면 독립심이 강해집니다. 부모님의 관심이 오히려 간섭으로 비추어질 때도 있습니다. 이때 괜스레 짜증을 내는 것보다 더 효과적인 방법이 있습니다. 어머니, 아버지로 호칭을 바꾸는 것입니다.

어머니, 아버지라는 호칭은 부모 자식 간에 심리적으로 건강한 거리를 만들어줍니다. 부모님 입장에서도 '이제부터는 아이가 아니구나. 함부로 간섭하면 안 되겠구나.'라고 생각할 수 있는 계기가 됩니다.

▣ 부모님에 대한 호칭 변화

	사춘기 이전	사춘기 이후
부모님을 부르는 말	엄마, 아빠	어머니, 아버지
부모님의 역할	• 자녀를 보살피고 보호 • 인성교육	• 관심과 응원 그리고 칭찬 • 예절교육
우리들의 마음가짐	'나는 아직 보살핌이 더 필요한 어린아이'	'내 일은 내가 스스로 결정하는 청소년'

엄마들은 왜 잔소리를 할까요?

청소년 친구들이 가장 싫어하는 것 중의 하나가 어머니의
잔소리입니다. 어머니들이 끝없이 잔소리를 하는 이유는
무엇일까요? 그리고 잔소리를 피할 수 있는 방법은 있을까요?

상민이는 어머니에게 불만이 많습니다. 항상 듣기 싫은 잔소리를

하기 때문입니다.

"학교 다녀왔습니다."

힘없는 목소리로 어머니에게 인사를 하자마자 어머니의 날카로

운 목소리가 들립니다.

"어서 손 씻고 옷 갈아입어라. 학원 갈 준비해야지."

나에 대한 관심보다는 내 스케줄을 관리해주는 매니저 같습니다.

상민이는 영혼 없이 대답합니다.

"네."

"신발 좀 제대로 벗어 놓지, 이게 뭐니?"

어머니의 잔소리가 이어집니다.

"손은 씻었니? 학원 숙제는 다 했니? 빨리빨리 움직여! 이렇게 꾸물대다가 또 늦겠다."

어머니는 나에게 말할 기회도 주지 않고, 자신이 할 말만 합니다. 상민이는 답답한 마음에 이렇게 중얼거립니다.

'빨리 독립하고 싶다. 엄마 잔소리 이젠 그만 듣고 싶어. 이제 다 컸는데 아직도 날 유치원생 취급하는 것 같아. 나한테 할 말이 잔소리밖에 없을까? 잔소리가 아닌 진짜 엄마 얘기 좀 듣고 싶다.'

이런 상민이의 마음을 알아채기라도 한 것처럼 어머니가 말합니다.

"이게 다 너 잘되라고 하는 거야. 이게 잔소리 같지? 나중에 다 이엄마한테 고마워하게 될 거야. 엄마 말을 잘 들으면 자다가도 떡이생겨!"

과연 이 잔소리들이 진정 모두 상민이를 위한 것일까요? 상민이는 어머니의 말에 동의할 수 없습니다. 그건 어머니의 생각일 뿐이니까요. 상민이는 지시하고 명령하는 일방통행식 잔소리보다, 서로 소통하는 대화를 하고 싶었습니다. 어머니가 상민이의 이야기를 들어주는 순간은 상민이가 아프다고 할 때뿐입니다. 항상 습관적으로 '네'라고 대답하던 상민이는 용기를 내서 어머니에게 이야기했습니다.

"엄마가 나한테 그렇게 말하는 이유는 알 것 같아요. 그런데 엄마! 나, 요즘 엄마랑 대화란 걸 해본 적이 없는 것 같아요. 내가 엄마를 화나게 만드는 거예요? 그래서 나만 보면 짜증내는 말투로 얘기하는 건가요?"

생각지도 못했던 상민이의 말에 어머니는 잠시 생각에 잠겼습니다. 그리고는 상민이에게 다가와 꼭 안아주었습니다.

"아니, 엄마는 우리 상민이 사랑하지. 왜 짜증이 나겠니. 보기만 해도 든든한 걸. 엄마가 짜증내면서 잔소리만 했구나. 미안하다. 우리 아들."

어머니가 하는 잔소리는 우리에게 도움을 주기도 하지만, 때로는 어머니에 대한 부정적인 감정을 키우거나 마음이 멀어지는 계기가 되기도 합니다. '나를 위해서 하는 이야기'라고 말하기는 하지만 잔소리는 오히려 스트레스로 다가올 수밖에 없습니다. 청소년들이 제일 듣기 싫은 말이 어머니의 잔소리라고 합니다. 잔소리를 듣지 않으려면 먼저 어머니와 이야기를 해 보는 자세가 필요합니다.

어머니의 입장에서는 여러분의 생각이나 속사정을 모르고 있으니, 일방적으로 의사 전달을 할 수 밖에 없고, 이게 잔소리로 표출되는 것입니다. 사실 부모님이 잔소리를 할 때, 그것을 잔소리라고 생각하지 말고 이야기나 소통의 신호로 바꾸어서 생각해 보세요. 그리고 '나도 고쳐볼게요', '노력할게요'라는 긍정적인 대답을 해준다면 잔소리가 많이 줄어들 것입니다.

부모님을 칭찬하는 것도 잔소리를 피할 수 있는 방법이 됩니다. 일반적으로 칭찬해주는 사람에게는 긍정적인 감정을 느끼기 때문입니다. 그 순간을 무마하려고 의미 없는 대답을 하는 것은 오히려 어머니와의 사이를 악화시킬 수 있습니다. 잔소리가 아닌 대화가 되도록 진솔한 이야기를 나누어 보세요. 가족과 친구 사이는 가까운 만큼 잔소리도 많아지기 마련입니다. 어머니의 잔소리도 애정과 관심에서 비롯되는 것이기 때문입니다. 사실 애정과 관심이 없으면 잔소리조차 하지 않습니다. 사랑의 반대말은 증오가 아니라 무관심이니까요.

엄마가 나에게
관심이 없어요

청소년들은 부모님이 자신에게 관심이 없다고 말합니다.
관심을 끌기 위해 일탈행동을 하고 투정을 부리는 등 무리한
행동을 하기도 합니다. 그런데 어떻게 행동해야 좋은 관계를
유지하면서 부모님들의 관심을 받을 수 있을까요?

"찬호, 오늘 엄마 야근하니까 저녁은 알아서 챙겨 먹어. 아빠도 좀
늦을 거야. 냉장고에 있는 된장찌개 데워 먹든지, 엄마 화장대 서
랍에 돈 있으니까 먹고 싶은 거 시켜 먹든지 해."

찬호는 일주일에 서너 번은 집에서 혼자 저녁 식사를 해결합니다.
오늘은 별로 입맛도 없어 냉동실에 있는 빵 몇 조각으로 배를 채웠
습니다. 찬호는 가족끼리 식사하는 것이 오히려 어색하다고 합니
다. 혼자 밥을 먹고, 혼자 시간을 보내는 것이 더 마음이 편하고 자
유롭기 때문입니다. 혼자 밥 먹기 싫다는 친구들의 이야기가 이해
가 되지 않습니다.

"찬호야, 오늘 우리 집에 놀러 올래?"

"글쎄."

"시험 끝나서, 오늘은 학원 안 가도 되잖아. 우리 집에서 놀자."

"그러지 뭐."

학교가 끝나고 찬호는 인성이네 집에 갔습니다. 처음 가 본 인성이네 집은 아파트가 아닌 허름한 단독주택이었습니다. 대문을 열고 들어가자 인성이 어머니께서 반갑게 맞이해주셨습니다. 인성이 어머니는 생각보다 나이가 많아 할머니 같다는 느낌이 들었습니다. 좁고 불편한 집이었지만, 아파트와 다르다는 호기심에 이곳저 곳을 둘러보기도 하고, 인성이와 보드 게임도 하면서 시간을 보냈습니다. 그런데 찬호는 인성이의 집에서 그동안 느껴보지 못했던 것을 느끼기 시작했습니다. 분명히 아파트보다 낡고 좁고 불편한 공간이었지만, 따뜻하고 포근했던 것입니다. 집에 돌아온 찬호는 집이 유난히 썰렁하다고 느꼈습니다.

'우리 집이 인성이네보다 훨씬 커서 그런가?'

밤늦게 부모님이 들어오시고, 찬호는 인성이의 집에서 느꼈던 따뜻한 온기가 어디서 나왔던 것인지 알게 되었습니다. 그것은 어머니의 관심이었습니다. 일에 지친 무표정한 어머니의 얼굴과 인자했던 미소를 가진 인성이 어머니의 얼굴은 달랐습니다. 찬호 어머니의 관심은 '일과 돈'뿐이지만, 인성이 어머니의 관심은 항상 가족이었습니다. 찬호는 어머니의 관심을 받고 싶었지만 어떻게 해야 할지 몰랐습니다. 부모님이 맞벌이를 해야 하는 이유도 잘 알고, 지금 당장 어머니가 찬호 옆에서 관심을 줄 수 있는 상황이 아니란 것도 잘 알기 때문입니다.

부모님의 관심을 끌기 위해서 가장 흔하게 사용하는 방법은 '아프다'고 하는 것입니다. 이것은 아주 어린 시절에 무의식적으로 터득한 방법입니다. 아프다고 하면 어머니가 정성껏 보살펴주기 때문에 꾀병 아닌 꾀병을 부리는 것이지요. 그런데 이런 행동을 반복하다 보면 실제로 몸이 아프기도 합니다. 그리고 부모 입장에서 자식이 자주 아프면 오히려 관심보다 걱정이 앞서게 됩니다. 현명한 청소년이라면 부모님의 가슴을 아프게 하는 일은 하면 안 되겠죠.

어머니의 관심이 필요하면 아프다는 말 대신, 어머니를 칭찬해드리는 방법이 훨씬 효과적입니다. 농담처럼 감사의 말을 건네도 좋고, 예쁜 쪽지에 고맙다는 말을 적어 드려도 됩니다. 야근하고 집에 늦게 들어온 어머니를 꼭 껴안아 드리는 것도 좋습니다. 어머니가 힘들게 일하는 이유도 결국 행복하고 건강한 가정을 만들기 위한 것입니다. 청소년들은 어머니의 관심과 사랑이 필요하다고 느끼지만, 사실 어머니도 자녀들의 관심과 사랑에 목말라 하고 있습니다. 청소년들이 어머니에게 작은 관심을 선물한다면, 어머니는 더 큰 사랑과 관심을 베풀어주실 것입니다.

1단계 : 어머니를 잘 살펴라

어머니 옆에 앉아 어머니가 좋아하는 게 뭔지 잘 관찰해보세요. 그리고 혹시 어머니가 힘들어하는 것은 없는지 살펴보세요.

2단계 : 먼저 말을 걸어라

어머니의 변화를 느꼈다면 먼저 말을 걸어보세요. 무슨 일이 있었고, 무슨 생각을 하는지 여쭈어보는 것도 좋아요. 오늘 나의 하루를 이야기하고, 어머니는 어떤 하루를 보냈는지 대화를 나누세요. 짧은 대답이라도 좋습니다. 어머니와 이야기를 하다 보면 한층 더 친밀감을 느낄 것입니다.

3단계 : 표현하라

내가 어머니에게 관심을 갖고 있다는 것을 표현하세요. 말로 하는 것도 의미 있지만, 행동으로 보여주면 더욱 효과적입니다. 어머니가 좋아하는 것을 기억했다가 작은 선물을 하는 것도 좋고, 어머니의 옷 주머니에 쪽지를 넣어 놓거나 냉장고에 편지를 붙여 놓는 것도 좋습니다.

엄마가
사사건건 간섭해요

06

청소년이 되었다면 자기 일은 스스로 할 수 있어야 합니다.
그런데 자녀가 청소년이 되었는데도 어머니가 사사건건 간섭한다면,
어떻게 해야 할까요? 마마보이는 어떻게 만들어지는 걸까요?

민기의 어머니는 유난히 자식에 대해 관심이 많습니다. 민기가 초
등학교에 입학할 때부터 학교 숙제와 준비물, 책가방까지 챙겨주
는 것은 물론이고 어떤 친구들하고 사귀어야 하는지, 수업 시간에
선생님에게 어떤 질문을 해야 하는지 꼼꼼하게 알려주었습니다.
그런데 어머니의 이런 행동은 민기가 중학교에 입학한 이후에도
계속되었습니다.

"민기야, 오늘 학교 끝나면 바로 학원 셔틀버스 타고 영어 학원 가
도록 해. 영어 선생님한테 동사 시제랑 의문문 만드는 법 질문 꼭
해라. 그거 끝나면 과외 있으니까 학원 앞에서 바로 택시 타고 집
에 와. 택시 타면 엄마한테 전화해서 기사 아저씨 바꿔줘. 오늘 스
케줄 메모해서 가방 앞주머니에 넣어놓았으니까 잘 챙겨."

민기 어머니의 이야기는 끝도 없이 이어졌습니다. 그런데 민기는 이미 그 상황에 익숙해져 있었습니다. 10년 넘게 어머니의 통제를 받고 지내다 보니, 이제는 오히려 어머니가 지시해주지 않으면 하루도 제대로 살아갈 수 없을 것 같은 느낌이 들었습니다.

이런 민기의 생활은 고등학교로 이어졌습니다. 고등학교 3학년이 되어 대학 진로를 결정해야 할 순간에도 민기는 어머니의 의견에 따를 수밖에 없었습니다. 딱히 하고 싶은 공부나 가고 싶은 대학도 없었고, 지금까지 어머니 지시를 따라 어려움 없이 자랐기 때문입니다. 오히려 남들과 같은 고민을 하지 않으니 마음이 편하게 느껴졌습니다. 대학교에 입학한 민기는 마음에 드는 여자 친구가 생겼습니다. 그래서 어머니에게 허락을 받기로 했습니다.

"민기야. 너, 요즘 취업 어려운 거 알지? 여자 친구에 신경 쓰지 말고 열심히 공부만 해. 그리고 너, 이번 담당 교수님이 누구라고 했지? 내가 찾아가서 한번 만나봐야겠다. 동아리 이런 것도 하지 말고, 집 앞에 독서실 끊어놓았으니까 내일부터는 독서실에서 공부해. 학교 도서관은 분위기 안 좋다고 하더라."

민기는 어머니의 명령을 어길 수 없었습니다. 아니 그래야만 마음이 편했습니다.

대학교 졸업을 앞둔 민기는 취업을 준비하고 있습니다. 그런데 아니나 다를까, 어머니가 민기의 입사지원서를 이미 제출했다고 합니다.

"민기야, 넌 이런 사소한 거 신경 쓰지 말고 공부만 열심히 해. 입사지원서랑 자기소개서는 엄마가 알아서 작성했으니깐 면접 준비만 잘해."

민기는 서류 심사에 합격했고, 면접을 보게 되었습니다. 어머니가 적어준 자기소개와 성장 배경, 기출 문제 등을 모두 외워서 면접을 보았지만 결국 면접에서 탈락하게 되었습니다. 민기 어머니는 화가 나서 면접을 본 회사에 전화를 걸어 따졌습니다.

"여보세요! 나 면접 본 이민기 엄마인데, 면접관 좀 바꿔봐요. 도대체 우리 민기가 뭐가 모자라서 면접에서 떨어져요? 내가 이해할 수 있게 설명 좀 해봐요!"

"네, 어머님. 우리 회사는 마마보이를 원하지 않습니다."

민기 어머니와 같이 자식을 위해서 모든 것을 다 처리해주고, 자녀의 진로까지 정해주는 어머니를 헬리콥터맘helicopter mom이라고 합니다. 이런 어머니의 교육을 받고 자란 아이들은 비교적 성적이 좋다고 하지만 사실 이것은 큰 착각입니다. 아이들이 공부하는 게 아니라 어머니가 대신 공부하는 꼴이기 때문입니다. 아이는 그저 어머니의 아바타avata일 뿐입니다. 헬리콥터맘의 자녀는 자립심과 모험심 그리고 책임감이 없다는 공통점을 가지고 있습니다. 심지어 스스로 무엇을 좋아하는지조차 모르고 평생을 좀비처럼 살아갑니다.

헬리콥터맘을 예방하는 열쇠는 청소년이 쥐고 있습니다. 중학교에 들어가면서부터는 스스로 판단하고 결정하는 연습을 많이 해야 합니다. 부모님의 지시에 무조건 따르는 것보다 '왜?'라고 반문하고 이유를 알아보는 자세도 좋습니다. 당장은 버릇없다고 혼날 수도 있겠지만, 스스로 자립심을 키우고 사고하는 방법을 배우는 첫걸음이기 때문입니다.

그리고 무엇인가를 결정해야 할 경우 스스로 준비하고 부모님을 설득해보는 경험도 필요합니다. 당연히 잘못된 일에는 책임을 져야 합니다. 청소년기의 이런 작고 사소한 경험들이 훌륭한 성인이 될 수 있는 씨앗이 됩니다.

나는 좋은 엄마가
될 거예요

우리 모두는 '어머니'란 단어를 들으면 말할 수 없는 편안함과 따뜻한 느낌을 받습니다. 자신의 어머니를 생각하면 어떤 느낌이 떠오르나요? 나는 나중에 어떤 엄마가 되고 싶나요? 좋은 엄마가 되려면 어떻게 해야 할까요?

07

"슬기야, 우리 딸은 어떤 엄마가 되고 싶어?"

학부모 특강에서 자녀와의 대화법을 배워온 어머니가 슬기에게 질문했습니다.

"어? 엄마 갑자기 왜? 나 아직 학생인데!"

"슬기 네가 나중에 어떤 엄마가 되고 싶은지 궁금해서."

"그런 건 생각 안 해봤는데."

슬기는 어머니의 질문에 곰곰이 생각해보았습니다.

"음, 우선 난 사랑한다는 말을 많이 하는 엄마가 될 거야. 내가 사랑한다는 걸 내 아이한테 항상 말해주고 싶어! 언제나 옆에 사랑하는 사람이 있다는 건 너무 좋은 거니까."

"왜 그렇게 생각해? 사람들은 말 안 해도 통하는 느낌 같은 게 있잖아."

"그래도 자주 말해줘야 내 아이가 '사랑해주는 사람이 있어서 행복하다'고 느낄 것 같아. 말로 안 하면 잘 모를 수 있잖아."

"그렇구나. 그런데 그렇게 말하는 엄마들이 있을까?"

"우리 반에 어떤 애는 엄마랑 교환일기 같은 걸 쓴대. 그런데 어떤 날은 엄마가 소중한 딸 사랑한다고 한가득 써 놓는대. 그거 보면 행복하다고 하더라고. 난 일기까지는 아니더라도 말이라도 많이 해주려고."

"슬기 생각은 그렇구나. 그동안 엄마가 우리 슬기에게 사랑한다는 말을 못 해줬는데 이제라도 많이 해줘야겠네. 사랑한다. 딸."

"엄마, 그래도 이러는 건 너무 가식적인 거 아냐? 그리고 난 아이를 많이 안아주고, 웃으면서 대화하는 시간도 가질 거야. 그래야 서로 무슨 생각을 하고 있는지 알 수 있잖아. 대화가 없으면 왠지 서로 멀어지는 것 같아."

어머니는 슬기의 말이 가슴에 와 닿았습니다. 마냥 어리고 철없는 아이인 줄만 알았는데 이렇게 성숙한 생각을 하고 있었다는 것이 놀라웠습니다.

'우리 딸 많이 컸네. 기특하다.'

어머니는 슬기에게 또 다른 질문을 던졌습니다.

"그럼 슬기는 아이한테 어떤 걸 해주고 싶어? 예를 들면 돈 많이 벌어서 좋은 선물 사주거나, 맛있는 음식을 해주거나?"

"난 솔직히 그런 건 별로인 것 같아. 엄마랑 아빠가 잘 웃어줬으면 좋겠어. 나 말은 안 했지만 엄마랑 아빠랑 싸우면 너무 불안했어. 내가 잘못 태어나서 싸우는 것 같다는 생각도 들고. 난 내 아이가 생기면 행복한 기억을 많이 만들어 줄 거야. 그러면 나중에 아이가 커서 엄마와의 추억이 굉장히 많을 거 아냐. 그러면 나도 행복할 것 같아."

"우리 딸 굉장히 멋있는데? 슬기는 정말 좋은 엄마가 될 거야."

우리 청소년들이 진심으로 원하는 것은 돈이나 성적이 아닙니다. '좋은 어머니'입니다. 공부를 열심히 하는 친구들에게 왜 공부를 열심히 하는지 물어보면 결국 '어머니가 좋아하는 모습을 보고 싶어서'라는 대답을 합니다. 그런데 어떤 어머니는 아이에게 너무 큰 기대감을 가지고 있기도 합니다. 공부가 마치 인생의 전부인 양 생각하고, 성적을 올리는 것이 어머니의 의무라고 착각하기도 합니다. 하지만 좋은 어머니는 이야기를 많이 들어주고, 많이 웃어주고, 공감해주는 것에 더 큰 가치를 둡니다.

아버지는
무섭고 불편해요

요즘에는 자상하고 부드러운 아버지들이 점차 늘어나고 있지만, 여전히 무뚝뚝하고 불만 가득한 얼굴을 가진 아버지들이 대다수입니다. 도대체 아버지들은 왜 만사가 불평불만일까요? 잘 웃고 따뜻한 아버지로 변화시킬 수 있는 방법은 없을까요?

"민정아! 넌 집에 안 가? 우리 먼저 간다."

"난 좀 더 있다 들어가려고. 내일 봐."

민정이는 오늘도 놀이터에 혼자 남았습니다. 늦은 저녁까지 같이 놀던 친구들은 모두 집으로 갔지만, 민정이는 집에 들어가기가 싫었습니다. 바로 아버지 때문입니다. 밤이 어둑어둑해지자 혼자 있기 무서워진 민정이는 어쩔 수 없이 집에 들어갔습니다. 그런데 오늘도 역시 집안 분위기가 심상치 않습니다. 오늘도 아버지가 술을 마시고 집에 들어오셨기 때문입니다.

"학교 다녀왔습니다."

"야! 너 이리 와봐!"

술 냄새를 풍기면서 큰소리로 민정이를 불러 세우는 아버지의 목소리에 민정이는 숨이 멎는 듯했습니다.

"여보, 또 왜 그래요. 민정이는 그냥 놔둬요."

어머니가 아버지를 말려보지만, 아버지는 무엇 때문에 화가 났는지 씩씩거리면서 더 큰 소리로 고함을 칩니다. 어머니는 민정이를 방으로 들여보냅니다.

"민정아, 너는 얼른 네 방으로 들어가. 얼른!"

쫓기다시피 방으로 들어온 민정이는 방문을 꼭 걸어 잠갔습니다. 밖에서는 아버지와 어머니의 싸우는 소리가 들립니다.

어른이 되면 할 수 있는 것 중 하나가 음주입니다. 미성년자는 술을 구입하는 것이 법으로 금지되어 있습니다. 술이 그만큼 위험한 음료이기 때문입니다. 술은 조금만 마셔도 중추신경에 영향을 주어 스트레스를 잠시 진정시키는 것 같은 느낌이 들게 합니다. 하지만 술은 사람의 이성을 잃게 하고 폭력적으로 변하게 하기도 합니다. 특히 청소년들에게 술은 치명적입니다. 성장을 방해하고 스스로 통제할 수 있는 능력을 마비시킵니다. 그래서 성인이 되어야만 술을 구입할 수 있게 법으로 정해놓은 것입니다.

그런데 어떤 어른들은 성인임에도 불구하고 술을 마실 때 스스로 통제하지 못하고 중독 증상을 보이기도 합니다. 심할 경우 술에 취해 행패를 부리거나 폭력적인 사람으로 변하기도 합니다. 집에서 어머니를 때리거나 자녀를 학대하는 경우도 있습니다. '아버지'라고 하지만 폭력을 가하거나 학대하는 것은 나쁜 행위이고 법적으로 처벌 받는 행동입니다. 집안에서 이런 폭력 사건이 일어나면 어머니나 다른 어른들과 상의한 다음, 경찰에 신고하거나 상담 기관에서 상담을 받아야 합니다.

　그런데 이렇게 '알코올 중독'이거나 술을 마시면 폭력적으로 변하는 아버지들은 공통점을 가지고 있습니다. 누구한테도 인정받지 못하고, 관심 받지 못했다는 것입니다. 만약 여러분도 인정이나 관심을 받지 못한다면 기분이 좋지 않을 것입니다. 그것은 어른이 되어도 마찬가지입니다. 특히 아버지, '남자 어른'들은 사회적으로 인정받고 칭찬받는 것을 아주 중요하게 생각합니다. 그런데 이런 인정이나 칭찬, 관심을 받지 못할 경우 술을 마시고 가족에게 화풀이를 하는 것입니다.

　아내나 자녀들로부터 "우리 아빠가 최고!", "항상 고마워요.", "아빠가 있어서 든든해요."라는 이야기를 자주 듣는 아버지들은 알코올 중독이나 주폭에 빠지지 않습니다. 가족들이 모두 모여 아버지에게 감사의 말을 자주 건네준다면 아버지 역시 술을 버리고 다시 따뜻한 가정을 만들기 위해 노력하실 것입니다. 폭력적이고 무서운 아버지의 차가운 가슴을 녹일 수 있는 것은, 법과 경찰이 아니라 여러분의 다정한 말 한마디입니다.

아버지는 왜
어려운 얘기만 할까요?

아버지와의 대화는 조금 부담스럽습니다. 세상 살아가는 방법이라든지, 꿈에 대해서 거창한 이야기만 할 경우 뭐라 대답할 수도 없기 때문입니다. 아버지들은 도대체 왜 그럴까요? 아버지와 마음 맞추고 재미있게 소통할 수는 없는 걸까요?

"세상살이는 말이야. 항상 요령 있게, 눈치 있게 행동해야 해."

"네가 그렇게 해봤자, 세상이 그렇게 쉽게 바뀌지는 않아."

"남자는 말이야, 야망이 있어야 해! 넌 꿈이 그렇게 작아서 어떡하니?"

"세상은 경쟁사회야. 항상 긴장하고 최선을 다해 살아야 해. 안 그러면 뒤처지게 돼."

모처럼의 대화에서 아버지가 하는 말씀들입니다. 거창하고 거룩한 이야기들만 가득해서 도무지 납득이 안 됩니다. 어렸을 적에는 이렇게 심하지 않았는데 중학생이 된 이후부터는 부쩍 아버지의 잔소리가 늘어났습니다. 아버지와의 대화에서 가장 많이 등장하는 주제는 인생, 삶, 세상, 성공 같은 추상적인 단어뿐입니다.

어떤 아버지는 본인이 못 이룬 사회적인 성공을 자식에게 기대합니다. 그래서 아버지가 못 이룬 꿈에 대해서 자녀에게 자주 이야기합니다. 아버지들은 자신이 겪었던 어려움을 자식들이 더 이상 겪지 않기를 바랍니다. 그래서 자녀와 얘기할 때면 항상 '~해라', '~하지 마라'와 같이 지시하고 명령하는 듯한 말을 자주 사용합니다.

그리고 대화할 때 아버지는 항상 문제의 답을 찾으려고만 합니다. 공부가 잘 안 되거나 속상한 일이 있어서 그저 이야기하면서 마음을 풀려고 했는데, 아버지와 이야기하면 항상 문제의 원인이 무엇이고 누가 무엇을 잘못했고, 어떻게 해결하는 게 좋은지에 대해서 훈계 아닌 훈계를 받습니다. 그래서 아버지와 이야기하다 보면 오히려 더 스트레스가 쌓이는 경우가 많습니다.

그런데 이런 아버지는 스스로 '아이들과 이야기를 잘하는 아버지, 아이들 이야기를 잘 들어주는 좋은 아버지'라고 생각하기도 합니다. 그런데 사실 알고 보면 이야기를 잘 들어주는 아버지가 아니라 '이야기만 하는 아버지'인 경우가 더 많습니다.

아버지와 사이좋게 지내고 이야기도 많이 하고 싶지만 이런 이야기 때문에 아버지와 대화를 주저하는 친구들이 많이 있습니다. 특히 남자친구들의 경우 청소년기가 되면 오히려 아버지와의 대화가 급격하게 줄어드는 사례가 많습니다. 할 말이 많지 않거나 분위기가 어색해서 대화를 포기하는 경우가 늘어나기 때문입니다.

대화중에 특히 아버지가 목소리를 높이거나 큰소리로 호통 치듯 이야기하는 경우도 있는데, 여러분이 무엇을 크게 잘못해서 아버지가 화를 내거나 훈계하는 것이 아닙니다. 여러분의 미래를 걱정하는 마음이 잘못 표출된 것이라는 점을 너그럽게 이해한다면 아버지와 충돌을 피할 수 있습니다.

옛 중국의 고전 논어(論語)에는 30살이 되는 남자를 이립(而立)이라는 단어로 표현했습니다. 학문의 기초를 확립한다는 뜻인데 사실 학문적으로 기반을 단단히 하기 위해서는 자기 생각에 대한 확고한 신념이 필요합니다. 이 말은 30살이 되면 자기 고집이 심해진다는 뜻으로 풀이할 수도 있습니다. 혹시 아버지의 말투나 말하는 방식을 바꿔야 한다고 생각할지도 모르겠습니다. 그런데 30살이 넘은 남자들이 자기의 생각이나 습관을 바꾸는 것은 쉽지 않습니다. 하지만 여러분들이 이런 점을 충분히 이해하고 아버지와 대화를 계속한다면, 아버지의 마음도 서서히 여러분에게 다가갈 것입니다.

겉으로 표현하지는 않지만 사실 아버지도 많이 힘들고, 외로움을 많이 타는 사람입니다. 단지 잘못된 표현 방법으로 여러분과 대화하려고 하기 때문에 서로 불편함을 느끼는 것입니다.

10

이혼은
안 하면 안 되나요?

가끔 부모님이 이혼을 했다는 친구들을 볼 수 있습니다.
처음에는 많이 놀랐지만 TV 드라마나 영화에도 많이 나오고,
친구들의 이야기도 자주 듣다 보니 이제는 별로 놀랍지 않습니다.
그런데 만약 부모님이 이혼을 한다면 청소년들은 어떻게 해야 할까요?

이혼은 결혼을 한 부부가 서로 헤어지는 것을 말합니다. 어른이 되어서 서로 사랑하고 아껴줄 수 있는 사람을 만나면 결혼을 결심합니다. 그런데 이렇게 결혼한 부부들이 왜 이혼을 하는 것일까요? 학교에서 같은 반 친구 중 부모님이 이혼을 한 친구들을 어렵지 않게 찾아볼 수 있습니다. 그런데 점점 이혼하는 가정이 늘어난다고 합니다.

부모님이 이혼을 한다면 우리들의 생활은 어떻게 달라질까요? 생활이 불편해지고 더 이상 부모님의 관심을 받지 못하게 될 것입니다. 나에게 관심을 주는 사람이 한 명 줄어드는 것뿐만 아니라 완전한 가정으로서 제 기능을 하지 못하는 경우가 많습니다. 화목한 가정에서 아버지와 어머니는 자전거의 두 바퀴와 같습니다. 바퀴가 하나뿐이라면 자전거가 제대로 움직이지 못할 것입니다.

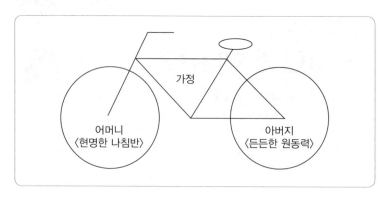

물론 이혼을 결심하거나, 이미 이혼을 한 어른들도 이런 사실을 알고 있습니다. 그런데도 이혼을 하려고 하는 어른들의 심리는 무엇일까요? 이혼을 한 어른들에게 그 이유를 물어보았습니다. 가장 많은 대답은 '가정을 지키지 않는 모습에 대한 실망'이었습니다.

가정에 충실하지 않고 다른 사람들을 더 자주 만나거나, 도박이나 약물 중독에 빠져 가정을 돌보지 않아 가정이 망가져 버리는 경우 이혼을 생각한다는 것입니다. 그리고 서로에 대한 애정이 식어서 이혼을 결심하게 되었다는 사람도 있습니다. 부부 관계에서 꼭 필요한 사랑이 없다면 더 이상 가정을 유지할 수 없을 것입니다. 그리고 낭비하는 소비 습관을 가진 사람의 경우 이혼을 당할 확률이 높다고 합니다. 혼자일 경우의 소비 생활은 '나 자신'을 위한 것이지만, 결혼을 한 다음의 소비 생활은 '우리 가족'을 위한 것이어야 합니다. 결혼을 할 때는 사랑이 중요하지만, 결혼 후에는 가정을 유지할 수 있는 책임감이 중요합니다.

가정에서 반드시 해야 하는 의무가 있는데, 이 의무를 다하지 않는 경우 상대방은 이혼을 생각할 수밖에 없을 것입니다. 특히 마마보이나, 파파걸은 책임감이 약해서 이혼을 당할 확률이 매우 높다고 합니다. 가정을 이루어 남편과 아내가 되면 각자의 역할을 충실히 해야 하는데, 자기의 역할을 부모에게 전가하는 모습을 보고 실망하기 때문입니다. 행복한 가정을 만들기 위해서는 먼저 자신의 임무와 책임을 다하는 모습이 필요합니다.

아버지의 빈자리, 혹은 어머니의 빈자리는 생각보다 클 수 있습니다. 그래서 공허한 마음을 채우기 위해 친구들과 더 많이 어울리기도 합니다. 그런데 부모님 역시 공허함과 허전함을 느낀다는 사실을 알아야 합니다. 남은 가족들이 서로에게 든든한 지지자가 된다면 그 어떤 가족보다 화목하게 지낼 수 있습니다. 이혼을 한 다음, 다른 가정을 꾸리는 경우도 있습니다. 만약 부모가 재혼을 한다면 새로운 가족과 함께 살아갈 방법을 찾아야 할 것입니다.

행복한 가정은
누가 만드는 건가요?

11

청소년들이 가장 원하는 것은 '화목한 가정'이라고 합니다.
화목한 가정은 어머니, 아버지 두 사람의 힘으로만 만들어지지
않습니다. 행복한 가정을 만들기 위해 청소년 여러분들은
어떤 노력을 해야 할까요?

평범한 우리나라의 청소년들이 꿈꾸는 가족의 모습은 어떤 것일까요?

"저는 부부가 서로 사랑하면서 사는 모습이 행복하다고 생각해요. 영화 같은 데서 자주 볼 수 있잖아요. 아빠가 엄마한테 예쁘다고 자주 안아주고 뽀뽀도 해주는 모습. 그리고 엄마가 무거운 거 들 때는 아빠가 멋있게 번쩍 들어주면서 도와주는 그런 모습을 상상해요. 아빠가 애정 표현 많이 하면 엄마도 아빠가 들어올 때 맛있는 거 많이 만들어서 기다려주잖아요. 식구들이 같이 맛있게 밥 먹고, 얼굴만 봐도 막 웃음이 나는 그런 집에서 살고 싶어요."

"저는 어른이 돼서 결혼하면 제 아이들을 진짜 많이 사랑하는 엄마가 될 거예요. 맛있는 음식 해서 아이들하고 같이 먹고, 애가 울면서 집에 들어오면 왜 우는지 이야기 들어주고, 눈 마주치면 따뜻하게 웃어주고, 가끔 이유 없이 아이를 품에 꼭 안아주고, 사랑한다고 많이많이 말해주는 엄마. 그럼 우리 아이들이 엄마한테 사랑받는다고 느낄 수 있겠죠? 왜냐하면 제가 그렇게 사랑을 받아보고 싶거든요."

"전 제 아이들이 뭐 물어볼 때 같이 답을 찾아주는 엄마가 되고 싶어요. 그리고 잘했을 때는 많이 칭찬해주고, 잘못하면 혼도 내주면서 바르게 자랄 수 있게 해주는 그런 엄마요. 엄마는 아이에게 잘못한 거랑, 잘한 거를 알려주는 게 가장 중요하다고 생각해요. 다른 사람들이 지적하거나 훈계하면 기분이 나쁘고 기억도 잘 안 나는데, 엄마가 말해주면 '그렇구나'하고 받아들이게 되더라고요."

화목한 가정은 어떻게 알아볼 수 있을까요? 어렵지 않습니다. 그냥 느낄 수 있기 때문입니다. 가족들끼리 눈 마주칠 때 미소가 가득하고 서로 좋은 이야기를 하는 가정은 화목한 가정입니다. 반대로 가족들끼리 대화를 하지 않거나, 매번 화를 내고 싸우는 소리가 들린다면 화목하지 않은 가정입니다.

화목한 가정의 기반은 '사랑과 배려'입니다. 이것은 부모님의 모습에서 알 수 있습니다. 부모님이 서로 사랑한다, 수고했다고 말하는 것을 들으면 우리들 역시 자연스럽게 부모님을 사랑하고 응원할 수 있는 마음을 가질 수 있게 됩니다. 부모님과의 대화를 통해 내가 사랑받고 있다는 느낌을 확인할 수 있고, 다른 사람을 사랑하는 방법도 배우게 됩니다.

어떤 부모님들은 '말 안 해도 알겠지.' 또는 '그걸 꼭 말로 해야만 아니?'라고 생각하기도 합니다. 그런데 이렇게 생각하는 것은 화목한 가정을 꾸리는 데 가장 좋지 않은 태도입니다. 각자 가지고 있는 생각을 직접적인 말이나 행동으로 표현하지 않으면 그 사람이 무슨 생각을 하는지 알 수 없기 때문입니다. 만약 말로 표현하지 않는다면 사람들은 자신의 방식대로 상대방을 이해하려고 할 것입니다. 그러다 보면 오해가 생기기 마련입니다.

화목한 가정은 누가 만들어 주는 게 아닙니다. 아버지와 어머니, 그리고 나, 오빠, 누나, 동생들 모두의 노력으로 만들어가는 것입니다. 사랑과 고마움의 감정을 잘 표현하고, 가족 모두가 노력해 나갈 때 비로소 화목한 가정이 이루어지게 될 것입니다.

TIP 내가 할 수 있는 화목한 가정 만들기

1. 아침에 일어나면 부모님에게 아침 인사하기
아침에 일어나면 바로 거실로 나가서 '아버지! 어머니! 안녕히 주무셨어요?'를 외쳐 보세요. 부모님의 얼굴에 미소가 한가득 번질 것입니다. 기분 좋은 하루를 시작하는 가장 간단한 방법입니다.

2. 아버지에게 먼저 말 걸기
무뚝뚝한 아버지를 녹일 수 있는 비법 하나. 내가 먼저 다가가는 것입니다. 아버지가 출근할 때 '잘 다녀오세요' 하고 말하거나, 저녁에 집에 들어오는 아버지에게 '오늘도 수고하셨습니다'라고 한마디만 건네주세요. 표현은 잘 안 하지만 아버지가 엄청나게 기뻐하실 것입니다. 덩달아 집안 분위기도 좋아집니다.

3. 어머니에게 스킨십 시도하기
어머니들은 '어머니'이기 이전에 '여자'입니다. 설거지하는 어머니를 뒤에서 꼬옥 안아주세요. '감사해요, 사랑해요.'라고 말 한마디를 더하면 더욱 좋습니다. 어머니의 얼굴에 환하게 미소가 퍼지는 것을 지켜볼 수 있습니다.

부록

마인드케어를 위한
프로그램

01 스트레스 풀어주는 〈스트레스 빙고 게임〉

다른 친구들은 어떤 스트레스를 받고 있을까요? 내가 하는 고민을 과연 다른 친구들도 하고 있을까요? 나와 같은 고민을 하는 친구가 있다면 같이 문제를 해결할 수 있는 탈출구를 함께 찾아볼 수 있을 것입니다.

〈게임 방법〉

1. 가로 5칸, 세로 5칸(총 25칸)의 빙고 판을 준비합니다.

2. 각 칸에 내가 스트레스 받고 있는 원인이나 내용을 키워드 형식으로 하나씩 채워 넣어 주세요.

3. 한 가지 키워드가 떠오르면 그와 연결되는 것들을 생각하면 쉽게 25칸을 채울 수 있습니다. '끈적거림'이라면 끈적거림을 느끼게 하는 원인으로 '땀'을 생각할 수 있고, 땀이 나게 하는 '더위'도 생각할 수 있습니다. 빙고 칸에는 끈적거림, 땀, 더위를 모두 적으면 됩니다.

4. 빙고 판의 25칸을 모두 채워보면, 내가 스트레스 받는 가장 근원적인 원인을 알 수 있습니다.

5. 친구와 한 명씩 번갈아 가면서 스트레스 받는 원인을 말하세요.

6. 말한 키워드가 내 빙고 판에 있으면 지워주세요.
   친구가 말한 키워드 중 비슷한 느낌의 단어가 있다면 다른 친구들에게 확인받은 다음 같이 지우면 됩니다. 예를 들어 친구가 말한 키워드는 '성적'이고 내가 적은 키워드가 '공부'라면 다른 친구에게 물어보고 지워도 된다고 친구들이 합의하면 모든 친구들이 '공부'나 '성적'이라는 키워드를 지우는 방법입니다.

7. 빙고를 3줄 완성한 사람이 우승입니다.
   한 줄의 모든 단어를 지우면 빙고가 한 줄 완성입니다. 가로나 세로, 그리고 대각선으로 한 줄의 모든 단어를 지우게 되면 한 줄로 인정됩니다. 이렇게 3개 줄을 모두 지운 사람이 우승하게 됩니다.

8. 빙고의 개수나 빙고 판의 숫자는 게임 시작 전에 친구들과 합의해 변경해도 됩니다.

공부	스트레스	만원버스	용돈	성적표
급식	수학	잠	생기부	살
고민	학교	성적	잔소리	스피커
숙제	실내화	싸이코	연애	벌레
먼지	영어	악몽	추위	남자

　이 스트레스 빙고 게임은 각자 자신이 가지고 있는 스트레스나 고민거리의 원인을 확인해 볼 기회가 됩니다. 특히 스트레스의 원인이 되는 요인을 파악할 수 있고 결국 이것을 해소할 수 있는 근본적인 방법도 터득할 수 있습니다. 또 스트레스의 원인을 친구들과 공유할 수 있으므로 서로에게 긍정적인 영향을 미치게 됩니다.

■ 스트레스 빙고 게임 판

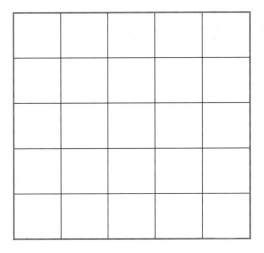

02 내 꿈을 찾아주는 〈자기소개 자동완성〉

자기소개를 멋지게 하려면 어떻게 해야 할까요? 나의 꿈과 개성, 그리고 내 생각을 잘 담아내는 것이 필수적일 것입니다. 미래의 진로를 선택할 때 중요한 갈림길이 되는 20가지 키워드를 선정하였습니다. 2개의 단어 중에 하나를 계속 선택해 나가면 멋진 자기소개 문안이 만들어집니다. 자, 시작해 볼까요?

〈작성 방법〉

1. 지문을 읽고 머릿속에 바로 떠오르는 단어를 선택하거나 채워주세요.

2. 밑줄 친 부분은 바로 생각나는 것을 단답형으로 대답하면 됩니다. 밑줄이 처져 있는 빈 칸은 곰곰이 생각하지 말고, 그 순간 머릿속에 바로 떠오른 단어를 써주세요.

3. 선택 부분은 두 가지 중에서 본인에게 더 어울리는 한 가지를 선택

하세요. 괄호가 있을 때에는 두 단어 중에서 본인에게 더 맞는다고 생각되는 단어를 선택하면 됩니다.

4. 20가지 문항들로 자기소개가 완성되었다면 큰소리로 읽어보세요.

스무고개로 완성된 자기소개서를 통해서 본인의 성향을 확인해볼 수 있습니다. 평소에 생각해보지 않았던 문제에 대해 생각해보고, 자신의 장점을 찾을 수 있게 됩니다. 또한 생각지도 못했던 단점을 찾고 그 단점을 극복하는 방법을 고민하게 됩니다. 즉 자신감을 가지고 더 나은 사람이 되기 위해 노력하게 되는 것입니다.

평소 내가 어떤 사람인지 잘 모르겠다고 생각했다면 지금 당장 시도해보세요. 혹시 자기소개서를 쓰느라 고민하는 친구가 있다면 이 방법을 권해보세요. 재미있고 간단하게 친구의 고민을 덜어줄 수 있습니다.

〈자기소개 자동완성〉

안녕하세요. 제 이름은 _____ 입니다.
지금부터 제 이야기 그리고 제가 꿈꾸고 있는 삶에 대해서 이야기해보겠습니다.

우선 저는 무엇보다 ^{선택1}(가족 / 친구)를 중요하게 여기고 있습니다. 지금 저에게 가장 소중한 사람은 _____ 입니다.

누군가와 대화할 때는 ^{선택2}(말하기 / 듣기)를 더 중요하게 생각하고, 사람들과 사귈 때는 ^{선택3}(빨리 친해지는 / 조금 시간이 걸리는) 편입니다. 스트레스가 쌓이면 ^{선택4}(무대 위에서 / 무대를 바라보면서) 에너지를 충전하는 스타일입니다.

공부는 ^{선택5}(조용한 곳 / 사람들이 많은 곳)에서 더 잘되고, ^{선택6}(객관식 / 주관식) 형식의 문제를 좋아합니다. 머리 회전이 가장 잘 되는 시간은 ^{선택7}(아침 / 저녁)이고, 제가 좋아하는 과목은 _____ 입니다.
^{선택8}(정적인/ 동적인) 활동을 좋아하고, ^{선택9}(심플한 / 화려한) 디자인을 선호하는 경향이 있습니다. 그래서 ^{선택10}(도시적인/ 자연친화적인) 환경에서 생활하고 싶습니다.

진로는 항상 ^{선택11}(도전적 / 안정적)인 것을 추구하려고 노력하고, ^{선택12}(한 곳에 정착하는 생활 / 자유롭게 돌아다니는 생활)을 했으면 좋겠다는 생각입니다. 그리고 제가 생각하는 성공의 기준 ^{선택13}(명예 / 경제적 성공)이고, 모든 일은 ^{선택14}(결과가 / 과정이) 더욱 중요하다고 생각합니다. 이런 일을 하는 대표적인 직업엔 _____ 개(이) 있습니다.

미래에 대해 ^{선택15}(탐색 / 행동)하는 것이 가장 중요하다고 느끼고 있으며, ^{선택16}(혼자 / 함께) 노력하면 더 좋은 결과를 얻는다고 믿습니다.

앞으로 어른이 되면 ^{선택17}(논리적 / 감각적)인 사고를 바탕으로 ^{선택18}(즉흥적 / 계획적)인 생활을 하려고 합니다. 그리고 저는 ^{선택19}(새로운 것 / 전통적인 것)을 좋아하며, 동시에 ^{선택20}(아날로그 / 디지털)적인 삶을 꿈꾸고 있습니다.

제가 가지고 있는 이런 특징들을 잘 간직하고 발전시킨다면, 어른이 되어 저에게 적합한 일을 찾을 수 있을 거라고 확신하며 제가 가장 소중하게 생각하는 _____를(을) 위해서, 그리고 자랑스러운 대한민국의 미래를 위해서 봉사하고 노력하는 사람이 되겠습니다.

함께 생각해보는 문제 1
위와 같은 특징을 가진 사람에게 가장 잘 어울리는 직업은 무엇일까요?

함께 생각해보는 문제 2
이 사람은 어떤 장점과 단점을 가지고 있을까요?

함께 생각해보는 문제 3
그렇다면 어떻게 하면 단점을 극복할 수 있을까요?

----

03 내 감정 상태를 점검하는 〈감정 그래프〉

하루 동안의 감정을 그래프로 그려보며 스스로의 마음과 감정을 컨트롤할 수 있는 심리 테스트입니다. 기분이 좋지 않거나 마음이 심란할 때 하루를 되돌아보면서 감정 그래프를 그려보세요. 감정을 자연스럽게 컨트롤할 수 있게 됩니다.

〈그래프 그리는 방법〉

1. 하루의 감정과 관련된 단어를 첫 번째 칸에 채워 넣습니다.

   가로줄을 하나 길게 그려주세요. 가로줄은 하루의 흘러간 시간입니다. 시간대별로 나의 감정이 어땠는지 떠올려보세요. 그 감정을 느끼게 했던 사건, 물건, 사람, 행동 등을 시간이 흐른 순서대로 왼쪽부터 오른쪽으로 적어줍니다.

	기상	아침	오전1	오전2	점심	오후1	오후2	저녁	밤1	밤2	취침
감정 변화	늦잠	지각	졸림	나름 재미	맛 없음	우울	짜증	그냥 그럼	희망 적	숙제	피곤

2. 감정의 강약을 추정하여 그래프에 표시합니다.

감정 변화에 쓰여진 단어를 떠올려보고, 그 순간의 감정 강도를 그래프에 점으로 표시해줍니다. 가로 선을 기준으로 '좋음'은 가로 선 위로, 좋을수록 위에 찍어주면 됩니다. 반대로 '나쁨'은 가로 선 밑으로, 나쁠수록 밑으로 찍어주면 됩니다.

	기상	아침	오전1	오전2	점심	오후1	오후2	저녁	밤1	밤2	취침
매우 긍정											
긍정				●							
약한 긍정									●		
약한 부정	●		●		●					●	●
부정		●				●					
매우 부정							●				

3. 표시된 점을 선으로 잇습니다.

맨 왼쪽 점부터 다음 칸의 점까지 선으로 이어줍니다. 이렇게 왼쪽부터 오른쪽까지 모든 점을 순서대로 이어주세요. 맨 오른쪽 점까지 잇고 나면 나의 '감정 그래프'가 완성됩니다.

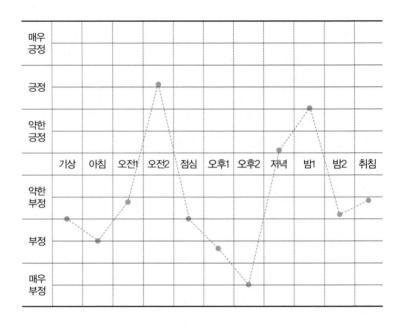

〈나의 감정 그래프〉

	기상	아침	오전1	오전2	점심	오후1	오후2	저녁	밤1	밤2	취침
감정 변화											
매우 긍정											
긍정											
약한 긍정											
	기상	아침	오전1	오전2	점심	오후1	오후2	저녁	밤1	밤2	취침
약한 부정											
부정											
매우 부정											

⟨그래프 판독하는 방법⟩

1. 파동의 폭

■ 파동의 폭이 큰 그래프

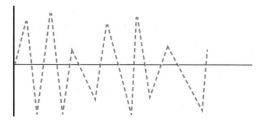

 긍정적인 감정과 부정적인 감정의 기복이 과도한 경우, 순간적으로 '욱' 하는 기분파입니다. 타인에게 의도하지 않게 피해를 줄 수 있으니, 항상 상대방을 고려하는 자세가 필요합니다.

■ 파동의 폭이 작은 그래프

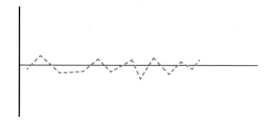

 중앙선을 기준으로 파동이 거의 나타나지 않거나 작은 파동을 형성하는 경우, 철저하게 감정을 통제하는 성향을 보여줍니다. 감정 표

현을 잘 하지 않는 성격으로 스트레스 상황을 잘 견디며, 위기 상황에서도 침착하게 행동합니다. 하지만 이런 성향이 대인관계에 있어 어려움으로 작용할 수도 있습니다.

■ 파동의 폭이 중간 정도인 그래프

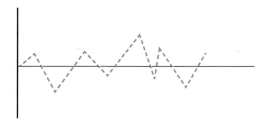

대인관계에 큰 문제가 없으며, 감정표현도 솔직한 편입니다. 무난하게 일상생활을 유지하지만, 위기상황이 발생했을 경우 감정 그래프가 흐트러지면서 불안해지기도 합니다.

2. 파동의 간격

■ 파동의 간격이 좁은 그래프

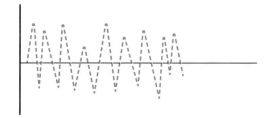

성격이나 감정 표현의 기복이 심합니다. 일시적으로 나타나는 현상일 수도 있으나, 이런 그래프가 거의 매일 반복된다면 기분에 영향을 주는 환경이나 생활 태도에 변화가 필요합니다.

■ 파동의 간격이 넓은 그래프

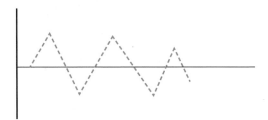

비교적 침착한 성격으로 적절한 감정 상태를 유지하고 있습니다. 환경에 민감하게 반응하지는 않지만 어느 정도 영향을 받게 되며, 어려움을 스스로 극복하려는 성향을 보입니다.

3. 그래프의 면적

■ 부정적 영역이 더 넓은 경우

외로움을 자주 느끼는 편이며, 애정결핍을 호소하기도 합니다. 선천적으로 성격에 문제가 있는 것이 아니라, 인정받고자 하는 욕구가 충족되지 않아서 나타나는 문제입니다. 사소한 칭찬이나 심리적 지지만 충분하다면 스스로 극복할 수 있습니다.

■ 긍정적 영역이 더 넓은 경우

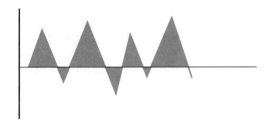

자존감이 높은 편이고, 긍정적인 성격입니다. 실패했을 때 스스로 잘 극복할 수 있는 에너지를 가지고 있지만, 인격적인 모욕이나 비난을 받을 경우 심리적으로 매우 취약해집니다. 그러므로 잘못했을 때 벌을 받는 것보다, 잘했을 때 칭찬을 받는 것이 더욱 효과적입니다.

⚞04⚟ 대화의 오해를 줄여주는 〈감정표현 바르게 조율하기〉

대화할 때 상대방이 내 이야기를 오해하거나, 기분 나빠한 적이 있나요? 나는 기분이 좋은데 상대방이 기분 나빠한다면 내 감정표현에 문제가 있는 것입니다. 어떻게 하면 감정표현을 바르게 해서 오해를 줄일 수 있을까요?

〈감정표현 조율하는 방법〉
친구들이 평가자 역할을 해주면 좋습니다. 만약 혼자 해야 한다면, 셀프카메라 촬영 후 피드백 하는 방법을 활용하세요.

1. 9장의 카드를 준비하고 각 메모지에 다음과 같이 숫자를 적습니다.

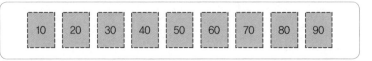

2. 각 숫자는 감정의 정도를 나타냅니다. 평상시의 감정 상태를 50이라고 보고, 세상에서 가장 기분이 좋은 상태를 90, 최악의 기분일

때를 10으로 봅니다.

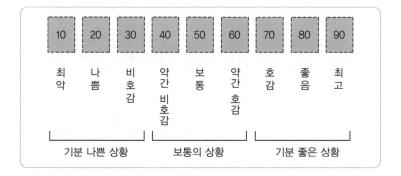

3. 9장의 카드에 적힌 감정에 어울리는 대사를 합니다. 상황극을 스스로 해도 좋고, 아래 문장을 그대로 읽으면서 녹화를 해도 좋습니다.
"응! 그래 알았어. 이렇게 할 거면 미리 알려줘야지. 다음부터는 미리 이야기해줘. 그래야 놀라지 않지. 안 그래?"
위 문장을 각각의 느낌대로 총 9번 이야기하면 됩니다.

4. 평가자는 이 대화를 듣고 해당하는 카드 뒷면에 솔직한 느낌을 적습니다. 예를 들면 '날카롭다.', '화내는 것 같다.', '표정이 무섭다.', '호감이 간다.' 등등

5. 아홉 번의 상황극을 모두 마치고 카드 뒷면에 적힌 감정의 강약 정
  도에 따라 카드를 다시 배치해봅니다.

6. 각 카드를 뒤집어 앞면의 숫자를 확인합니다.

7. 결과를 분석합니다.

  ① 카드의 배열 순서가 10부터 90까지 순서대로 되었다면, 감정 표
    현은 매우 정상적입니다.

  ② 만약 숫자가 뒤엉킨 부분이 있다면 그 부분의 감정표현이 제대
    로 되지 못했다는 뜻입니다.

예시1)

위와 같은 경우, 약간 기분이 좋은데도 상대방은 기분이 나쁜 것으로 생각하고, 반대로 기분이 좋지 않은데 기분이 괜찮은 편이라 착각하게 됩니다.

예시2)

감정이 많이 뒤엉킨 경우입니다. 본인은 보통의 상태로 이야기하는데 상대방은 '이 사람 화가 단단히 났구나'라고 오해하기 쉽습니다. 그리고 화가 상당히 났는데도 오히려 평상시 같은 감정을 표현하면 더욱 오해의 폭이 커집니다.

감정 카드에 어울리는 감정표현이 안 되고 있다면 연습이 필요합니다. 그래야 친구들 사이의 오해를 최소화하고 대인관계가 좋아집니다. 감정의 정도는 대개 10 단위로 연습하면 되고, 연기 연습을 하거나 더 세부적인 미세한 감정을 연습하고자 한다면 5 단위로 숫자를 세밀하게 조정하는 것이 좋습니다.

청소년들의 모든 고민에 답을 해주는 것은 무모한 도전이었습니다. 각자 생활하는 환경이 다르고 성격이 다르기 때문입니다. 그리고 성인이 되었지만 청소년기의 고민을 그대로 가슴 속에 묻고 살아가는 사람들도 있었습니다. 그 가슴 속 상처로 인해 성격에 변화가 생기고, 진로가 바뀌는 사람도 있습니다. 청소년의 고민은 그들만의 상처가 아닌, 대한민국의 상처였습니다. 그래서 보다 많은 청소년들과 성인들의 가슴 속 이야기를 귀담아 들었고, 분야별 전문가들의 도움으로 이들의 속 깊은 문제를 해결하기 위해 첫 발을 떼었습니다. 이 책이 모든 청소년들의 문제를 해결해주는 만능열쇠라고 생각하지는 않습니다. 다만 사회적 인식의 변화를 위한 첫 번째 파장이 되기를 바랄 뿐입니다.

어린 시절 어머니의 말 한마디, 할머니의 옛날이야기 하나가 인생에서 큰 버팀목이 된다는 것을 스스로 확인할 수 있었습니다. 이 책을 쓸 수 있게 나를 지지해준 사랑하는 아내에게 감사의 말을 전합니다.

한국마인드케어연구소 대표 이창욱

당시 대학생이었던 저에게 상담을 요청하던 청소년 아이들이 있었습니다. 어디에도 자신의 고민을 터놓고 이야기할 곳이 없다고 저에게 찾아온 것입니다. 그 아이들의 이야기를 들어주면서 '이 아이들을 위해 그저 옆에 있어주는 것만이 해결책이 아니구나. 어떻게든 도와주고 싶다.'는 생각을 하게 되었습니다. 청소년들을 많이 만나면 만날수록 그들의 안타까운 이야기를 더 많이 듣게 되었고, 그들에게 힘이 되어주고 싶었습니다. 제가 청소년기에 겪었던 소중한 경험과 이야기들을 이 책에 담아내고자 노력했습니다. 청소년 시절, 힘들 때 곁에서 응원해주시던 많은 분들이 생각납니다. 제가 그분들에게 받았던 따뜻한 마음과 격려를 다시 우리 청소년들에게 전해줄 수 있어 기쁩니다. 늘 곁에서 믿음으로 지켜봐주시는 어머니께 감사드리며 비판과 응원을 아끼지 않는 동생 윤섭에게 고마운 마음을 전합니다.

한국마인드케어연구소 교육팀장 신유진

　저는 청소년기에 호기심이 많았습니다. 이성교제나 우정에 대한 궁금증 그리고 공부는 왜 해야 하는지 같은 것들 말이죠. 하지만 대부분의 어른들은 '어른이 되면 다 알게 된다'는 말로 얼버무리기 일쑤였습니다. 사실 누구라도 선뜻 답해주기 난감한 호기심들이죠. 하지만 청소년기의 고민이나 호기심은 시간이 지난다고 해결되는 것이 아니라 그저 잊혀질 뿐이었습니다. 시간이 해결해 줄 거라 믿고 내버려두면 오히려 잘못된 생각이 굳어질 수도 있고, 더 방황하게 될 위험도 커집니다. 많은 청소년의 상담 사례를 접하면서 그들의 성장에 도움이 될 수 있는 솔루션을 풀어내고자 했습니다. 예전 청소년 시절, 저 자신의 모습을 회상하며, 현실 속에서 답을 찾아보았습니다. '예전에 나도 같은 생각을 하고 있었지!' 하며 다시금 청소년 아이들과 교감할 수 있는 계기도 되었습니다. 사랑하는 아버지, 어머니 그리고 할머니, 지혜로운 이야기와 조언으로 도움 주서서 감사합니다.

한국마인드케어연구소 수석연구원 조은지

•도움을 주신 분들•

청소년 문제에 대해 우리 사회가 가야 할 바람직한 방향을 제시해주신 신원혜 교수님, 김영환 교수님, 최진우 변호사님, 박성희 변호사님, 백산중학교 이중배 교장선생님, 광주수피아 여자중학교 고세영 교장선생님, 전) 서울창동중학교 박호명 교장선생님, 전) 고서중학교 최형철 교장선생님.

 따뜻한 마음으로 청소년의 건강에 대한 조언을 주신 닥터노아 박근우 원장님, 사람과 생명에 대한 가치를 누구보다 중요하게 생각하시는 유미소 간호사님 및 현직 보건 선생님들.

 효과적인 소통 방법으로 청소년과 눈높이를 맞출 수 있게 도움을 주신 J Life School 이민호 원장님.

 한국마인드케어연구소를 지지해주시고 응원을 아끼지 않으신 차풍 신부님, 선적 스님, 한희준 목사님, 공릉청소년문화정보센터 이승훈 센터장님과 연윤실님, 이지웰가족복지재단 이용희님, SHEZCOM 임희영 대표님, 극단비유 김도태 대표님, 더바인 김영숙 대표님, 스페이스클라우드 정수현 대표님, 세로미디어 곽성식 PD님, 소프트유니브 류재훈 대표님, 엄희선님, 천예지님, 한태정님, 송영화님, 손주연님, 변현준님.

그리고 학부모의 입장에서 조언을 아끼지 않으신 출판사 관계자 분들.

대한민국의 미래를 위해 열정을 다하시는 선생님들.
지금 이 순간에도 자녀를 위해서 헌신하고 계시는 모든 어머니와 아버지.

이 책이 세상에 나오기까지 도움을 주신 모든 분들께 감사의 말씀을 올립니다.